企业顶层设计

战略转型与商业模式创新

吴越舟◎著

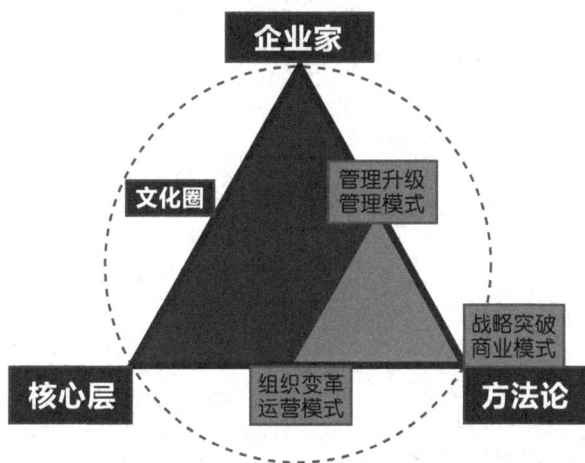

人民邮电出版社

北 京

图书在版编目（CIP）数据

企业顶层设计：战略转型与商业模式创新 / 吴越舟
著. -- 北京：人民邮电出版社，2018.2
ISBN 978-7-115-47630-2

Ⅰ. ①企… Ⅱ. ①吴… Ⅲ. ①企业管理 Ⅳ.
①F272

中国版本图书馆CIP数据核字(2017)第319396号

内 容 提 要

顶层设计是以帮助企业放眼产业生态，以更大的视野，充分利用设计思维，以系统化、结构化的思维模式将各种要素在新环境下进行有机组合以达到某种目的的一套方法论。本书强调以产业的视角，从供需两侧来思考商业规律，充分解读信息时代的商业环境，找到经营的主线，凝炼出企业在特定时刻经营的核心命题，并以此为中心构建一个完整的体系的过程。本书适合总经理、董事长、副总、高管，以及各个部门决策人等阅读与学习。

◆ 著　　　　吴越舟
　　责任编辑　冯　欣
　　责任印制　彭志环
◆ 人民邮电出版社出版发行　　北京市丰台区成寿寺路 11 号
　　邮编　100164　　电子邮件　315@ptpress.com.cn
　　网址　http://www.ptpress.com.cn
　　北京天宇星印刷厂印刷
◆ 开本：700×1000　1/16
　　印张：13.25　　　　　　　　2018 年 2 月第 1 版
　　字数：182 千字　　　　　　2025 年 11 月北京第 32 次印刷

定价：49.80 元

读者服务热线：(010)53913866　　印装质量热线：(010)81055316
反盗版热线：(010)81055315

序　言

这是一个巨变的时代，信息技术的快速发展和供需关系的逆转正在不断冲击和颠覆着原有工业体系的经营理念和经营思维，企业原有经营理论的适用性和企业经营的适应性受到了来自多方的挑战。在新思潮不断迭代创新中，动态的商业世界蕴含着极大的商业机会和风险，创造着一个又一个商业传奇，同时也在不断演绎着商业的悲壮离歌。

顺应潮流，应需而动

信息技术尤其是互联网技术的发展，让商业世界的沟通变得更加便利和低成本，这是时代的潮流、历史的潮流，互联网技术让商业世界变得更加透明，这打破了原有商业体系的平衡，让很多不对称信息带来的收益变得无处躲藏，而这必将促进商业社会的进化和升级。

特别是在 Web 3.0 时代，伴随着客户端和互动平台的崛起，无差异且沉默的用户如今变得越发个性和强大，他们掌握着商业世界的主导权和主动权，用户的评价和认可变得不可忽视：用户的好评如潮可以将企业推上时代云端，成为万众瞩目的商业明星；用户的差评不断也可以将企业打入时代的冷宫，成为商业社会的弃子。可以说，用户正在逐渐掌握着企业生杀予夺的主宰权。

互联网的技术特质决定了社会资源配置的结构特征，去中心化的概念源自互联网设计的理念，逐渐成为商业社会的核心理念。互联网技术让资源的整合呈现全新的网状结构，改变了以往资源整合的线性法则，企业的商业触角变得异常灵活和多变，跨界竞争让一批新模式出现，随时可能颠覆一个强大而历史悠久的品牌，原有核心技术随着全新商业模式的开启，极有可能会成为一种历史的产物，时代的车轮就是这么无情和残酷，也带来了很多混沌之中所不为人知的全新机会，这种机会属于有思想、有胆略的企业家，属于那些思路清晰、应变敏捷和善于动态调整的企业。

在互联网时代的商业剧变中，企业并没有成熟的模式和经验可供借鉴，我们深知以某个案例或者某家企业来诠释互联网时代都是有所偏颇的，因此，我们力图通过多个案例，通过点滴的成功，运用结构化的手段阐述和揭示互联网时代的成功密码以及提供一套应对新时代的全新思维利器。

放弃概念，回归本质

经营如逆水行舟，不进则退。在外部大动荡和内部复杂系统的双重夹击下，导致产能过剩、认知盈余和信息泛滥，同时伴随着专注不足和创意匮乏，多重困境考验着企业，企业经营的复杂度是以往任何时代都难以比拟的。企业要想在这样的环境下成长与成功，面临的挑战也是巨大的，企业如何保持能力以跟得上时代的步伐，成为左右企业生死的核心。

在很多企业家试图回归理论寻找答案时，发现工业时代的理论不再那么奏效，全新的商业生态正在不断冲击和挑战工业时代经典理论的权威，我们能够清晰地感知到"接受的不再有效，而有效的尚未被接受"，同时全新的热词不断涌现。颠覆、无边界、去中心化、共享经济、价值网络、工业 4.0 和工业互联网的智能制造、"互联网 +"等一系列新名词让人眼花缭乱，企业迷失在这些自成体系又相互关联的新概念中，何去何从成为诸多企业主心头的痛。

应对激荡的外部环境，是所有企业面临的共同难题。如何在动荡的格局中探寻企业经营的本质，更好地利用外部的条件，抓住机会，实现企业的涅槃重生成为关键。抓住经营的关键，需要企业在已知的现在和未知的未来之间架起一道坚实的桥梁，让企业平稳安全地驶向成功的未来。我们相信，通向未来的这座桥梁应当是企业回归经营的本质，围绕客户高效创造价值，持续创造价值。

未来存在着太多的可能，在可能之中，企业不可以盲目追求新概念，还需要理性、清醒地认识到，只有回归经营本质，创造客户价值，找到可行之策，不随波逐流，才能以最大的能力把握住经营的主导权和经营的方向。

面向体系，顶层设计

无论处于哪个时代，增长都是企业永恒的话题，在工业时代，获取企业的增长主要依靠营销策略的灵活性，策略制胜让营销部门在企业各个部门处于龙头地位，身为一名营销负责人，理应清楚营销人员在企业中的话语权、特殊地位以及特殊使命。然而，在互联网时代，营销的重要性受到了极大的挑战，由于需求和竞争的变化，需要企业调动起更强大的力量才能更好地应对，体系的重要性日益凸显，也只有将营销策略和体系能力有机结合起来才能将新时代的主导权牢牢地把握在企业自己手里，系统制胜时代已经到来。原本获得增长所依靠的关键成功要素发生了根本性改变，规模、角色的清晰性、专业化等工业时代的成功要素开始逐渐让位于追求速度、灵活性、整合、创新的信息时代的经营法则，强调通过创新快速整合资源，以最为灵活的方式为客户创造价值，实现资源的快速变现。然而，完成这一转变绝非易事，需要建立一整套全新的思维。

但是，我们的企业往往擅长静态地看待问题，沿着过去的成功路径前行，却忘记了道路已然发生了变化，平坦道路上运行良好的车子驶进了高低不平坑坑洼洼的山路，变得颤颤巍巍，如果不能动态地调整方向和速度，整辆车子可能随时损毁。按照原有的思维和既定的模式，费了九牛二虎之力做出的战略，可能会陷入难以自拔的误区，目标与实际之间的鸿沟似乎越来越大，一切并没有按照企业自己设定的路线发展，此时，企业往往陷入一个更加麻烦的境地，即进一步借着优化管理来强化管控，往往适得其反，越陷越深。企业在存量市场上不断失守，却又很难在增量市场上寻求突破，在存量市场和增量市场的不同玩法，造就了诸多企业不同的命运。

在我看来，面向新环境和新问题的系统性思考能力不足是制约企业持续发展的最大障碍。企业也就只能在亦步亦趋中艰难前行，难以找到经营的内在灵魂和破局之道，只能在不断追逐利润的奔跑中逐渐迷失了方向。

顶层设计就是一套帮企业放眼产业生态，以更大的视野，充分利用设计思维，以系统化、结构化的思维模式将各种要素在新环境下进行有机组合以达到某种目的的方法论。本书强调以产业的视角，从供需两侧来思考商业规律，充分解读信息时代的商业环境，找到经营的主线，凝炼出企业在特定时刻经营的核心命题，并以此为中心来构建一个完整体系的过程。

面向未知，勇于探索

在研究了近百个成功与失败的企业案例后，我们发现没有一个是在最初就完成了所有的构想，形成完备的剧本，而是在不断挑战不确定的过程中，持续修正和调整完善，找到一条适合自己的成长道路。因此，我深信商业模式是长出来的，按照管理学家西蒙的观点，人是有限理性的。没有人是先知，可以预言未知，预知未来。在海量的信息世界中，人的有限理性决定了我们只能不断试探，在掌握有限信息的前提下，通过顶层设计的方法论体系，结合摸着石头过河的勇气和胆魄，勇敢地去创造，从已知走向未知，并追求持续的成长。

企业只有保持创新创业的心态，将这种持之以恒的心态贯彻到底，并且深刻理解企业转型升级是一场艰巨而影响深远的系统工程，而不是简简单单的一场运动，这需要企业家有一个强大的心智和稳健的心态，领导力在这个时代至关重要。

没有成功的企业，只有时代的企业。一切都是动态的，企业只有在外部找到机会点，能否持续获取盈利和收益，在很大程度上取决于企业自身能力的强弱：一方面企业需要树立起外部主导内部，内部支撑外部的经营观念；另一方面还需要持续打造属于自己独特的核心竞争力。

本书的特点

我作为一名具有一定理论偏好的实践者，深知没有理论支持的实践无异于盲人摸象，而没有实践的理论也是隔靴搔痒、似是而非。因此，寻求理论与实践的结合一直以来都是我自己不懈的追求。本书试图通过解读诸多企业成功的案例，结合自身的理论认知和实践感受，进行结构化整理和梳理，能够帮处于迷茫状态的企业找到一个方向。我不愿意东拼西凑和粘贴复制，而是在做了大量深入思考后，一字一字敲击出来，形成自己的一套思路，精细加工决不添加"防腐剂"，以最原生态的思考，以飨读者。如果能够如我所愿，哪怕只有一点点启发和启示，已是深感欣慰！

本书的基本原则如下：

- 以积极的姿态寻求成功企业可借鉴的经验；
- 以企业经营的实际环境为本提出清晰的路径；
- 以简约的风格抓住要点以陈述系列话题；
- 以简单的概念为牵引描述事情的来龙去脉；
- 以问题导向层层推进的方式阐述各个环节；
- 以可靠案例、翔实数据、清爽风格亮相；
- 以图文表相结合的文风全面展示事情真相；
- 不追求花哨，追求实效；
- 不追求形式，追求实质。

在互联网时代经营企业，无异于一次惊险的漂流，需要应时不断调整和快速决策，在时空上进行优化和布局，以更广阔、更深远的思想影响着组织前行。那就让我们一起以开放的思维和开阔的视野来开启这场惊险的漂流之旅！

本书的读者

本书不是一本纯粹的快餐类商业读物，也不是一本深奥晦涩的管理学著作，而是一本有着一定理论解读的心路体会，要想更好地理解本书，读者需要有一定的理论功底和职业想法，希望读者在书中产生共鸣共振！

本书充分解读环境，为企业提供方向性指引，也提供了思考企业运营的系统性框架，以使读者更好地应对这个多变的时代。

最后，在此我要特别感谢章其伟老师。在本书写作的全过程中，章老师给我提出了许多宝贵意见，提供了大量翔实与鲜活的案例资料，对此我感激不尽。

目 录

第一章
企业面临时代困局

一、传统企业面临的五大困境

经营如逆水行舟，不进则退。2008 年是全球经济的分水岭，但是 2012 年才是中国经济的拐点，自从 2012 年开始，中国企业的日子变得不那么好过，在产能过剩、成本上升、结构调整等一系列外部因素的影响下，企业经营面临前所未有的严峻考验。

业绩萎缩，成功之罪

彼得·德鲁克认为："只有摆脱过去才能走向未来。"张瑞敏说过："没有成功的企业，只有时代的企业。"可以说跟上时代、走向未来才是企业的主旋律，然而难以摆脱的过去是企业走向未来最大的障碍之一，过去的成功经验会形成一种组织惯性和定向思维。

一般而言，成功的企业都会有自己的情结，习惯性地把优秀的人才以及重要的资源配置在过去的事情上，并企图通过追加投入挽救已经成为过去的事情，或者使过去的事情获得重生。这些企业最喜欢说的话就是进行二次创业。最喜欢喊的口号就是，发扬二次创业的精神。然而，这种"老瓶装新酒"的做法，难以根治企业走向衰败的命运。我们不能因为眼前的困境，而否定了历史上的成功，也不能因为历史上的成功，固化了未来的方向。很多时候恰恰是因为历史上的成功导致了整个体系的衰败，一旦形成经营体系，管理体系会不断加速原有的运营模式，这种加速能力一方面提升企业在原有环境下的竞争力，另一方面也在形成变革壁垒，形成一种抗拒变革的经营惯性。

经营惯性表现为路径依赖，而路径依赖的本质是能力依赖。我们往往会发现企业老板宣称的和企业实际运行的是完全不同的两套，甚至毫无交集。其宣称以客户为导向，按照客户价值来指导经营，企业内部依然按照制造导向，推行计划经济的管理模式，强调稳定与控制，并没有实现面向客户需求的横向综合集成能力，专业人才不足或者文化与制度等的不支持，导致企业仍然在原地停留。

当严峻的外部环境形成倒逼机制，逼迫企业走出原有的舒适区时，很多企业原有的经营管理体系已经是陋习已成、积重难返了。诺基亚帝国倒下之前，面对不断创新的竞争对手（苹果、三星等）以及消费者消费习惯的改变，诺基亚依然顽固地坚守着他们的塞班系统，漠视消费的诉求以及采用过去僵化的绩效考核制度等举措，最终加速了诺基亚的衰败。

福特汽车在长达 19 年（1908—1927 年）的汽车行业霸主地位，得益于福特汽车生产制造体系的科学管理以及精细化管理，然而，当福特的"纵向一体化"模式大放异彩之时，这种主要为 T 型车服务的运营管理系统，左右着公司整体的经营理念和经营战略，在面对消费者需求变化和竞争对手（主要是通用汽车）反攻时，显得僵化笨拙。可以说，亨利·福特在大批量汽车制造上取得的成功，有效地解决了生产问题，使得不熟悉的市场顾虑取代了熟悉的生产顾虑，企业成功的关键从制造环节向设计环节和营销环节转变，获取更快的产品上线时间、更低的盈亏平衡点、更丰富的产品以及更快的市场响应速度成为企业获胜的关键。

与其挣扎于现实的经营泥潭和历史的成功经验，不如跳出约束，以全新的经营理念动态地审视企业，**这需要企业管理层从历史的成功经验中提取方法论，上升到理论高度，知其然更要知其所以然，让经验模式化、可复制化，在变化中掌握不变的内在规律，才能走出成功经验的桎梏。**企业当自以为非，不固守过去成功的旧法则，勇于自我革命，能够以创业者的视角，将企业目前的经营体系视为一种资源，重新进行顶层设计和系统规划，回归商业本质，回归客户价值，思考企业走向未来的全新蓝图，在现实资源基础上，有选择地扬弃，重塑企业在新环境下的适应力，丢掉过去那种单打独斗的玩法，放弃过去那种以低价恶性竞争的极端做法，抛弃那些令自己沾沾自喜的制造能力，否定那些假大虚空的宣传口号，认清大环境变化趋势，找到企业经营的成功密码，找准企业经营与管理升级的关键，才能牵动整个组织进行转型升级。

成长乏力，作茧自缚

列夫·托尔斯泰说过："幸福的家庭都是相似的，不幸的家庭各有各的不幸。"中国企业出现经营困难的原因很复杂，例如，缺乏系统的战略思考，盲目跟风，生搬硬套，别人成功了就模仿抄袭，这种投机心理最终会导致资源浪费，功败垂成；缺乏完善的人才梯队，尤其是中高层职业经理人，关键时刻无人可用；缺乏强大领导力的管理层，找不到变革的路径，难以打破僵局；缺乏关键命题的把握能力，不具备在混乱复杂的组织体系中快速准确地抓住经营要领，只会低头拉车，不会抬头看路，更不会仰望星空；低价值生存，低利润竞争，有服务意识，但服务能力弱；分工与协作不合理，管理粗放，难以驾驭多业务、多模式混合运作；跨部门合作困难，试图营销拉动，但是策略创新不够，研发试图推动，但产品创新能力有限；企业综合创新能力严重不足，创新投入少，缺乏核心竞争力，产品的结构性过剩现象严重；依靠某个人或某个小团体的特殊能力存活，没有组织与体系能力发育意识；业务与管理脱节，传统的管理思维越发难以应对新业务模式，应对动态环境的应变能力不足等。在我服务的企业当中，各种问题可谓不胜枚举。

指出这些问题，只能是将表面问题阐述，并没有抓住关键问题，或者说没有形成模式化思考方式，罗列问题并不能帮助我们很好地解决问题，只有抓住主要矛盾和矛盾的主要方向，才能更进一步指向问题核心。在我看来，阻碍企业成长与成功可归纳为三大关键问题。

决策层问题

决策层的问题主要体现在三个方面。**第一是创业者情怀**。企业家过去的成功，形成了根深蒂固的创业者情怀，根据个人好恶定夺公司一切；另外，与治理模式思维相匹配的商业模式，也是以自我为中心，交易思维贯穿经营的整个过程。**第二是缺失企业家精神**。有部分企业家在获得一些成绩后，感觉身心疲惫，尤其是在面对新挑战时，深感能力不足，萌生退意，在努力维持现状中一步步走向衰亡；还有些企业家持续沿用过去简单粗暴的赚钱方式，急功近利，追求一招制胜，结果是怪招频出，收效甚微。创新求变和开拓进取的企业家精神的缺失让很多企业风雨飘摇。**第三是决策团队不团结**。一旦公司决策层不团结，那么员工摇摆不定，不知道该听谁的，员工面临的不是做好事情，而是站好队，导致企业执行力大打折扣，令行禁止不见了，政令不通、犹豫不决成为常态。

经营与战略问题

很多企业发展到一定阶段后，会发现能力有限，动力不足，究其原因大多是由于战略问题：**一来是战略方向模糊，没弄明白大框架和大格局；二来是战略路径不清晰，企业推进的节奏出现了问题**。另外就是企业不擅长借力，在商业模式和治理模式上缺乏系统思考，以至于在战略上停留在依靠一己之力，苦苦支撑。

企业管理问题

管理是因业务需要而产生的，但是当业务习惯于一路狂奔，管理问题就会凸显，形成两种典型的业务与管理矛盾。一种是管理不足，即业务快速发展与管理系统滞后之间的矛盾，产生经营与管理的撕裂感；另一种是管理过度，即业务增长减速与管理过度之间的矛盾，产生经营和管理的压迫感。管理不足问题，如有些企业因某些特殊原因（政策因素或者宏观经济因素等），突然间业务爆发，业务快马加鞭，一骑绝尘，管理就显得稚嫩和柔弱，另外的一种典型就是源于逐利的观点，即企业认为业务问题才是关乎企业生死存亡的关键问题，管理问题并不重要。这两种情况，无论是主观问题还是客观问题，久而久之，管理问题会出现拖累企业的发展，过多依赖人治的公司管理，会出现一些简单粗暴的管理方法与手段。而管理过度同样问题很大，如行政审批流程烦琐，行政管理人员编制庞大，业务部门受到管理部门过多的管控和管理，业务部门要分担大量的时间和精力来应付管理部门的无效管理，制度繁杂却缺少人性关怀，管理部门主导公司业务，外行指挥内行现象普遍，等等。管理过度看似管控住了风险，但是却在打击业务发展的积极性，挫伤业务体系的锐气。

迷失方向，坐井观天

大前研一曾经在《思考的技术》一书中说过："事实上，很多案子的真正原因只有一个，而其他都只是这个原因所导致的现象。"如果不能找到问题的根源，就没有办法追根溯源、对症下药。这是很多企业在转型升级过程中病急乱投医的关键原因，仓促上马各种变革，如战略变革、组织变革、人力资源变革和流程变革等，非但没有解决问题反而让问题变得更加复杂。

在我咨询或培训过的很多企业中，经常会被问及企业管理的诸多问题，我常常会选择反问的形式，我发现这些企业的管理活动更多是围绕细枝末节进行修修补补，缺少对企业整体运营的系统思考，却浑然不知问题的根源在哪里。正应了任正非的那句话："没有理论的突破，小改小革就是一地鸡毛。"大多数企业的管理层习惯于在既定的框架内低头拉车，按部就班地做好本职工作，忽视或者不愿意抬头看路，以至于公司各个业务板块之间的交流更多停留在业务流程衔接上，而没有更高的视野或者更大的动力来优化和重新布局，改善更多的是点效率，而不是系统效率。

忽视大环境的变化，无异于掩耳盗铃，用旧有思维处理新问题，无异于刻舟求剑。 在互联网时代，快速变化与跌宕起伏的市场竞争环境下，很容易达成企业变革共识，但是怎么变，往往是没有头绪的。工业时代所形成问题解决方法的合理性、有效性受到了质疑，尽管管理者们每天奔波劳碌，忙于处理各种问题，但是，最终效果往往是令他们深感失望的。虽说企业经营过程是一个不断解决问题的过程，然而，对于那些缺乏顶层设计和全面统筹的企业来说，就会纠结于问题，而忽视整体方向，未能将多个问题"并案侦查"，难以造就一个完整的、满足时代要求的经营系统。

可喜的是，我接触的一些优秀的高级管理者，既懂得用力低头拉车，更开始懂得用心抬头看路，力求确保努力与目标一致，成果与付出成比例。

首先，他们会站得更高、看得更远，在发生问题后，会清晰地了解问题的来龙去脉，深入调查和研究，并且站在高于问题产生的层面上思考问题。如营销部门与财务部门的矛盾，优秀的管理者不会简单地站在营销部门的立场或者财务部门的立场，而是站在战略的角度、经营的角度思考问题产生的根源。

其次，他们擅长分类管理，先定性后定量地解决问题，将问题归类，才能直指问题的本质，如很多公司发年终奖，到底该给员工多一点还是少一点，优秀的管理者会清楚，这其实是公司利益与员工利益平衡的问题，至于倾斜多少，既要考虑员工感受，又要考虑企业再发展的需要，也很容易得到员工的理解和支持。

再次，他们会总结一套本土化的方法论。懂得博采众长，善用"他山之石"和优秀企业的"最佳实践"，以一种开放的心态，从中汲取营养，动态、灵活地解决问题，既要"多快好省"，又能面向未来，与这类管理者沟通时，往往能感觉到他们在碰撞中不断产生思想的火花，而这些火花又始终未脱离企业实际。

应对问题导向型管理问题，我认为最佳的措施是"格物致知"，在产生问题的过程中提升解决问题的能力，解决问题但不拘泥于问题，多观察多思考，关注方案更关注方法。

模式失效，更多忧虑

有新生，必有淘汰；有创新，必有落后。在传统企业一直去产能、调结构的紧要关头，互联网企业借助于垂直电商、平台商、O2O、免费模式和共享经济等模式，冲击着经营上模仿抄袭、管理上粗放稚嫩的中国实体经济。

互联网冲击 + 同质化竞争，经营理念落后、模式失效

产品同质化和产能过剩的生存环境，造就了中国市场的超竞争状态，在这种环境下，企业陷入了"囚徒困境"的博弈境地，只有不断加仓制造与降低价格，试图通过体量优势，大打价格战，这种经营模式又进一步加剧了产能过剩，形成恶性循环，没有资金也没有精力用于产品研发或客户互动。然而，互联网企业另辟蹊径，天生具有整合和轻资产运营的特点，不从竞争的角度思考，而从需求的角度出发，如小米手机推出之前，是先有客户互动平台米柚（MIUI），与消费者互动，然后根据需要来定制开发，类似的还有海尔的 HOPE 平台和华为的花粉社区等。在互联网企业的冲击下，传统企业的经营模式过时了，价格战、渠道战、广告战等一招一式失效了，更多依赖于组织系统效能和客户认知体验来获取竞争优势。

互联网传播 + 新消费行为，品牌加速老旧化或边缘化

传统企业做品牌传播主要有两个套路：一个是不断轰炸，在央视或地方卫视上打广告；另一个是地面推广，在线下搞活动。传统媒体受众越来越老龄化，平台广告难免投资高、见效慢、不精准。而地面推广，围观的更多是一群看热闹的人，年轻人似乎对又唱又跳的表演不那么感冒，消费主力军现在都活在网络世界了，玩游戏、刷朋友圈、看直播、视频、听书、广播。罗辑思维成了一个卖书的平台，每天一分钟的介绍，让其成为中国互联网时代的网络书店；Papi酱的搞怪搞笑又感同身受的话题，让其一度获得2000万元的品牌赞助；很多微信商家开始直播消费自家产品，打造一种场景化消费体验，这都得益于互联网时代低成本的传播模式。消费者时间和精力是稀缺的，这让缺乏互联网基因的传统企业无所适从，过去那种品牌传播的玩法日益陈旧，日渐边缘化。

互联网生态＋系统化作战，组织能力滞后、力不从心

互联网企业或利用互联网转型升级成功的企业都有一个生态思维，而不局限于个体能力。这类企业与客户互动频繁，基于大数据的营销策略更为精准，这些都是传统企业望尘莫及的，组织能力难以满足市场的要求，竞争压力越来越大，很多企业即使有想法，却力不从心，不是没有看见机会，而是听到了、看见了，却动弹不得，能力跟不上。

盈利萎缩，组织虚弱

中国的大多数企业已经习惯了在政策红利、人口红利和环境红利等红利下经营，在没有原始技术创新积累和管理经验沉淀的情况下，依靠着模仿等简单粗暴的方式，找到一个机会，整合一批产品，包装一下，砸向市场就可以获得巨额回报。然而，自从2008年金融危机之后，伴随互联网经济的兴起，原有赖以生存的环境土崩瓦解了，传统企业盈利能力锐减，薄利经营成为常态，传统企业也成为经济结构中较为尴尬的存在。时过境迁、峰回路转，过去经济中的中流砥柱正在演变成经济结构中不确定因素。

组织运作粗放，职能发育不均衡

在"抢钱"的日子里，企业会把大量的精力用于直接产生业绩的领域╱

职能，而忽视一些持续成长的职能发育。例如，销售部门强大，而市场部门薄弱；制造部门强大，而研发部门薄弱；财务部门强大，而人力资源部门薄弱，等等，这些形成企业内部极其不均衡的发展状况，这种组织设置重点在于赚今天的钱，而对于明天如何赚钱，赚什么钱往往是不够重视的。另外，这种不均衡也导致了企业内部协同困难，在我看来，要想让多个不同部门协同起来，至少在能力水平上处于一个水准。

企业薄利经营，造血能力极其匮乏

企业薄利经营，带来了一系列痛苦的后果。企业没有资金用于研发创新，没有资金用于制造升级改造，没有资金用于营销推广，没有资金用于客户研究，没有资金引进高端人才，没有资金用于信息化改造，没有资金用于管理咨询服务……归根结底，是由于企业擅长的薄利经营模式下，企业自身的造血能力薄弱，难以形成足够的现金流来支撑企业做强，只能靠做大来获取规模优势。当规模已经不再成为优势之时，原有的优势就会变成历史的包袱。格兰仕的超低价模式让一个行业变得无利可图，也让自己陷入窘境，超低价抽干了企业利润，造成恶性循环，低价模式带来了低盈利，低盈利造成企业研发能力低、产品创新能力低，企业无力支付高薪吸引高端人才加盟，最终导致企业在以创新为主导的互联网时代失去了可持续发展的能力。

另外，组织发育不均衡，让现代化的管理体系失去落地生根的土壤。尽管积极向优秀公司学习借鉴，但是依然学不会，管理长期虚弱，低价竞争成了看家本领，进一步削弱了企业自身的造血功能，难以从根本上改变薄利经营的窘境。例如，我曾经拜访过山东某印染企业，年销售额40多亿元，利润2000多万元，利润率只有0.5%，真是触目惊心。大多数老板会将这一切肤之痛归结为人工成本上升、政策监管以及税费水平等外部因素，归责于外因要远远大于内因。但是理性来看，人工成本上升是社会进步的必然，生态友好是社会发展的必然。只有正视现实，才能直面问题。

二、传统企业转型升级的四大迷思

指数型增长的诱惑与线性型增长的困惑

指数型增长，即企业的经营以几何级数增长，在增长过程中资源的投入增加有限。线性型增长，即业绩的增长与资源的投入正相关，而利润水平受制于规模不经济和管理复杂度提升，体量伴随着资源投入的增加而增加，但是利润水平增长缓慢。

指数型增长的企业很多，如诞生于 2009 年的 UBER，既没有像福特、通用、丰田那样生产汽车，也没有像 Zipcar、赫兹、神州那样投资建设租车服务网络，UBER 不过是建立了一个简单的、可有效解决打车难与打车贵等问题的新模式，便由此成为市值高达数百亿美元，力压索尼、雅虎等传统强者的指数型企业。

与之相类似的一家公司叫作 airbnb 公司，airbnb 公司成立于 2008 年 8 月，总部设在美国加州旧金山市，是一个旅行房屋租赁社区，用户可通过网络或手机应用程序发布、搜索度假房屋租赁信息并完成在线预定程序。目前，其用户遍及 190 多个国家，数量超过 5000 万，被称为"住房中的 ebay"和"全球最大的酒店"，美国第二大最具价值创业公司，仅位居 UBER 之后，目前市值已超过 310 亿美元。

还有就是，2010 年 10 月两名年轻的斯坦福大学毕业生，凯文·斯特罗姆和迈克·克里格创办了一家名为 Instagram 的公司，开发了一款用于捕捉和分享图片的 App，在成立短短的 16 个月，Instagram 公司的市值就达到 2500 万美元，2012 年 4 月，仅 13 名员工的 Instagram 公司被 facebook 以 10 亿美元的价格收购了。

既然这里提到了 facebook，顺便说一下这家传奇公司，facebook 创始人扎克伯格，一名斯坦福大学的学生，制作了一个在线分享交友平台，2004 年 2 月平台正式上线，在不到一年的时间里，活跃用户数量达到 100 万人，到 2008 年 8 月，facebook 公司共有 1 亿名活跃用户，到现在已经有超过 10 亿名用户，公司的市值也高达 4200 亿美元。

另外，还有大家耳熟能详的小米手机、滴滴打车等指数型增长的企业。小米在世人眼里可谓是野蛮成长，其业绩称得上指数级增长，从 0 开始，实现了年产手机 7100 万部，15% 的市场占有率；拥有全球过亿 MIUI 平台用户和开放的技术创新平台，数以千万计粉丝参与的技术创新迭代，打造了涉及硬件、服务、电子、生活、社交等二十余个行业和产业的生态链平台；实现了许多企业几十年发展才可能达到的盈收水平和企业规模。我们不敢确定下一家指数型增长企业会出现在哪个领域，但是可以肯定的是指数型增长企业会越来越多，也会越来越凶猛。

都说预测未来最好的方法是创造未来，当一大批互联网企业或者互联网转型企业实现指数型增长之时，传统企业还在苦苦探寻出路，希望公司做大，一旦做大以后，随之而来的是庞大复杂的运营体系，一边是如火如荼的指数型增长企业所带来极具诱惑的战果，另一边是步履蹒跚、亦步亦趋的线性型增长面对的庞大而复杂的经营体系的困惑；一边是轻松飘逸的轻资产运营，另一边是负重前行的重资产运营，传统企业家渴望像小米、滴滴那样，轻松甩掉各种传统的管理手段，以一种超然的姿态面对市场，却无奈于当下经营与管理的桎梏，转型升级之路可谓是任重道远。

工业思维的老化与互联网思维的生态化

"沉舟侧畔千帆过，病树前头万木春。"这句诗词用来形容当下经济形势再合适不过了，一批企业倒下，一批企业新生。正所谓没有夕阳的产业，只有夕阳的企业；没有过时的企业，只有过时的思维。在工业时代所学习的经营与管理思维不再奏效，而奏效的想法尚未被接受。在互联网时代，永远不缺的是新颖的概念，缺的是互联网时代的新型组织能力，很多是我们看不见、看不懂、看不起，继而跟不上的一些新思维，正在以前所未有的速度推陈出新，在这种快速动荡的变化下，管理者们尚不能有效地把握那些构成增长的因素，同时也未真正理解这些要素彼此之间的关系。还在艰难地按照工业经济时代的运行规律前行，然而，工业经济有着其内在的运行规律，而互联网经济也有着其内在的运行规律，两个层次、两个时代下的不同产物，在加剧融合之中创造出全新的生存环境。

正如杰弗里 L. 桑普勒在《战略的回归》一书中描述的那样："许多企业就像老式汽车一样——个头大、舒适、平稳，在平直路面上表现极为出色。然而一旦快速经过颠簸路段，变速器就会掉链子。灵活应变能力恰好能帮助企业杜绝此类现象的发生。"

工业经济时代的思维正在老化，受到前所未有的挑战，最为显著如下所述。

第一，目标的合理性和合法性受到挑战。以前增量市场，增长是大趋势，目标的制定权在企业老板手中，与职业经理人们经过一番博弈之后，确定一个大家都能接受的目标，但是现在不是这样了，目标的决定权在客户那里，客户需求的流动性和非线性，以及行业生命周期的缩短，过分强调目标更多是一种制约，围绕目标制定考核越来越难。

第二，剧本化的资源配置模式受到挑战。在工业经济时代，确定目标之后，就是从上至下，按照不同纬度（职能、产品、区域、客户等）进行指标分解，然后根据指标分解配置资源，形成一个刚性有余而弹性不足的"剧本"，然后大家根据"剧本"演好戏即可。但是，在互联网时代，对于未来的不确定性，没有人可以预测未来，不确定性已经大到如此程度，依靠预测制订计划的办法开始失效。基于远景和使命下动态战略管理能力成为关键，而刚性的目标则更多会制约而不是促进企业的发展。

第三，**组织思维方式受到质疑**。互联网经济带来最大的好处是企业之间的交易成本大幅度降低，企业更多是找到自己的核心竞争力和核心竞争优势，面向机会进行机动整合即可，而非完全拥有。

总之，当组织的经营理论已经失效时，它将无法对创造出来的机会做出建设性的反应。

在《无边界组织》一书中，工业时代的关键成功要素是规模、角色清晰性、专业化和控制，崇尚大批量、规模化、流程固定的生产运营方式，生产运营成败取决于哪家企业对市场需求"猜"得更准。而互联网时代的关键成功要素是速度、灵活性、整合和创新。虚拟世界中大量分散的个性化需求正在以倒逼之势，持续施压于电子商务企业的销售端，并倒逼生产制造企业在生产方式上要具备更强的柔性化能力，并将进一步推动整条供应链乃至整个产业，使之在响应效率、行动逻辑和思考方式上逐步适应快速多变的需求。

环境变化带来了一系列全新的经营变化。

第一，**需求重于竞争**。需求为主，竞争为辅，企业经营关注的重点不再是竞争，而是需求，竞争作为辅助的、次要的要素，企业要考虑的永远是差异化，追求的是新玩法和蓝海市场。

第二，**速度重于规模**。速度为王，小企业做大，大企业做小，虽然说规模大才能更好地抵抗风险，然而拥有速度才能赢得先机，必须将规模和速度充分结合起来，并且将速度置于规模之前考虑，即使你是如海尔那样千亿级超级巨无霸企业，也要懂得化整为零，如传统企业要想把新品政策传达到终端，需要经历长时间和相当大的成本，但是在互联网时代，只用一个按钮的时间就可以让全国市场同步、精准获悉一个新产品的价格和政策。

第三，**聚合重于整合**。商业模式就是要聚合，战略就是要整合，企业成败的关键正在从战略向商业模式转变，以产业的视野寻找产业的痛点，这个时代已经不是大鱼吃小鱼、快鱼吃慢鱼的时代，而是群鱼吃大鱼的时代。

第四，现金流重于利润率。企业不能受制于现金流，但是更不能局限于利润率，互联网时代，要先做势再做事，过去赔本挣吆喝是被诟病的，但是现在这种玩法却可以衍生出巨大的商业价值，就像京东商城那样，曾经连续亏损 12 年，扛得住就是一片新天地。

第五，价值网重于价值链。未来的商业世界，解决方案才是答案，最终面向客户问题提供系统的解决方案才是企业整合商业世界的核心价值。

要适应这些变化，显然工业经济时代的那一套要打折扣，但是面向未来的新玩法，尚无一个可以完全借鉴的模式，正如海尔集团董事局主席兼 CEO 张瑞敏所说："互联网工业之路，是一条没有路标指引的道路。海尔在这方面的尝试，与其说是实践，不如说是探索和试错。"互联网思维的体系化需要不断摸索和创新，必定是一次艰辛之旅。

复杂巨系统的掌控与激荡大环境的挑战

巴纳德说过，管理的艺术就在于"外部的适应性和内部的平衡性"，也就是说企业一方面要能够适应不断变化的外部环境，另一方面又能很好地平衡内部各方面的关系。

听起来很简单，但是操作起来，难度会超乎想象，任何一家企业老板面对这两个问题时，都不会那么从容和淡定。更何况，在互联网时代，多重工业发展阶段并存、多种业务运作形态并存的大背景下，企业所面对的运营系统，已经不再是简单系统，也不是一个简单的巨系统，而是复杂的巨系统，经营管理中的生产复杂性、管理复杂性、技术复杂性和经营风险复杂性都是前所未有的，大批量制造、大批量定制和个性化定制都会存在，只是权重不同而已，产品的层次、服务的层次以及产品与服务组合的方式等都在动态的变化之中，多种业务和多种生态交织，例如，企业至少要面对三种生态系统，即企业小生态、价值链中生态和价值网络大生态。单单面对企业小生态里面错综复杂的多元文化、多种职能、多种业务模式、多种客户业态以及不同年龄结构等问题，已经困扰了很多企业管理者，更何况要应对中生态系统和大生态系统，难度更是不可同日而语，然而，这些问题又是不可回避的。因此，对于如何处理复杂性和动态性将会是未来企业必须具备的核心能力之一。

对于外部环境的描述一直在说，毕竟外部环境是企业生存的客观存在，无法回避。对于外部问题将在下一章重点展开，这里就不做重点描述了，可以简单归纳为四大方面：**第一，经济大环境正在从高速增长向中低速增长转变；第二，市场越来越规范，信息越来越透明，行业的生命周期越来越短，任何创新（无论是技术的还是商业模式的）晚半年还是晚两个月都会产生天壤之别的结果；第三，跨界打劫、融合创新、入口争夺等一系列新竞争手段不断推陈出新，竞争变化越来越新奇特；第四，消费者需求难以捕捉，消费的理性程度超越以往任何一个时期，主观意识极强。**如今，顾客需求的碎片化与个性化到达前所未有的程度，那些无法感知市场变化、缺乏迅速应对能力的大型企业将被淘汰。及时感知、洞察市场微妙需求并迅速行动，就必须在组织结构上重心下移，将权、责、利向一线倾斜，让驱动企业增长的发动机从领导者和总部变为各个子部门，乃至每个员工。

在这样复杂巨系统和激荡大环境背景下，在复杂的生态环境中要能够准确定位企业经营的核心密码并非易事。企业现在的一切问题，归根结底是能力赶不上变化，又缺乏有效措施来实现能力的快速提升。简单来说，企业存在着严重的速度不对称和规模不对称问题，企业外部变化的速度要远远高于内部价值链变革的速度，外部需求的个性化程度远远超过内部制造体系柔性化革新的速度。

回看内部问题时，又要面对多组矛盾点，如外延式发展与内涵式发展的平衡，要做大也要做强；商业模式和技术创新的平衡，商业模式是座山，而技术创新便是养虎，放虎归山才有力道，否则就成了笼中困兽；市场导向与组织权威的平衡，企业运行如何推拉结合，现在与未来有序发展，这两股力量要做到合理分工；内部协同与外部协作的平衡，不但要内部高效协同，实现跨专业跨职能协同，还要与其他企业形成跨企业的协作（而不是简单的交易）。平衡是一种能力，更是一种艺术。过去那种传统的控制技术所关注的重点是精确性、快速性、稳定性和应变性，是建立在较为固定和刚性的控制逻辑和规则上的。未来要考虑的更多的是激活，在激活中平衡，在平衡中激活。

企业战略定位的模糊与组织能力的匮乏

有限甚至僵化的能力，在快速变化的无限需求面前，企业家变得越发迷茫，战略举棋不定。企业迷失战略定位，导致战略逐渐虚无缥缈，有以下四种典型情况。

第一种，战略口号化、隐形化。出于战略创新的商业保密需要或者其他什么想法，企业家的战略更多是停留在其个人头脑之中，没有一整套成文的、可参考的标准和原则，在具体落实上，会通过口号等形式，依靠运动的方式来推进，企业家本人很辛苦，员工以及管理层也很茫然。

第二种，战略拼盘化、碎片化。这种情况在集团公司比较常见，整个集团的战略就是多家子公司战略的拼盘，没有围绕统一的战略目标形成强而有力的资源聚合效应，普遍存在各自为战、简单组合的方式。

第三种，战略模板化、格式化。战略还沿用过去那种标准的格式和模板，看起来有板有眼，却没有灵魂，空洞而琐碎，洋洋洒洒好几百页PPT，但缺乏明确的核心思想和主旨，职能部门在配合制订战略规划时，大多摸不着头脑。

第四种，战略目标化、功利化。这类战略规划近乎是一个经营计划，即围绕公司年度目标进行分解，然后确定达成目标的方式，仅此而已，至于未来会怎样，前瞻性的变化会怎样，没人关心。

战略定位和组织能力始终是企业经营的两个重要着力点，找准定位、塑造自己，否则会带来一系列的问题。

战略方向模糊，资源配置无的放矢

资源配置是落实到部门的，在我服务的企业中，很多企业经理人反映，他们部门并不清楚该坚持什么，该放弃什么。很多资源的调配是非常被动式的响应，缺少前瞻性的规划和布局，例如，IT 部门的规划更多是技术层面的布置，但是到底该上什么系统，什么时间上，没准。很多事情从战略层面上讲，企业需要的是 CRM 系统，把客户关系建立和完善起来，这关乎企业的核心竞争力，但由于阻挠，很多事情 CRM 做不好或者压根就推行不下去，而一些对企业经营影响不大的信息系统，提升的只是某个部门的工作效率，这些事情会被催促着赶紧上马，结果是谁强势谁说了算，而不是战略要什么，做什么，因为战略方向本身是模糊的。

部门协同困难，遇到问题相互指责

由于没有明确该聚焦什么，该放弃什么，落实到部门层面的事情，更多是部门负责人说了算，变相地推进了本位主义盛行，专业分割导致信息闭塞，多个横向职能部门脱节，如研销脱节导致产品结构不合理，产销脱节导致产品库存大，研产脱节导致产品设计与生产冲突，一旦遇到问题，部门便会相互指责，营销部门说生产制造水平不行，生产部门说设计部门能力不行，设计部门说采购原材料不行，采购部门说财务部门资金管控太死，财务部门说营销部门回款不力，绕了一大圈也找不到谁责任，其实归根结底还是没说清楚战略，导致组织龙头和运营导向模糊。

业绩增长乏力，经营成本不断高企

如果说客户不关注企业，那是营销的问题；如果说客户关注企业而不采购，那是经营的问题；如果关注并采购，但是抱怨特别多，那便是管理的问题。可以说，营销问题、经营问题和管理问题会直接或间接地影响公司的业绩增长。公司一旦增长乏力，企业需要思考是不是营销模式落伍了，是不是经营模式失效了，是不是管理模式滞后了，找到问题，从战略切入，要知道营销是战略的，经营是战略的，管理也是战略的，只有战略思考，方可从源头着力。

组织体系臃肿，应变能力日渐减弱

中国企业规模的膨胀过程实际上是一个远离市场的过程。面对不断个性化的需求，原有体系的原有模式盛行，组织越来越无法感知市场的声音，僵化的组织体系在影响着业务的健康发展，过时的管理僵化了业务的灵活需求，企业思考问题会逐渐从市场和客户转向企业内部人员和关系的处理上，正如陈年在反思凡客失败时，提及"当企业发展到一万多人的时候，把所有的精力都放在怎么管理这一万多人，却不知道真正应该管理的是价值"，这是要千万提防的，不创造客户价值，一切经营活动都是多余的。

评价标准混乱，价值贡献难以说清

企业经营管理始终围绕着"价值创造—价值评价—价值分配"的三循环开展的，这也是企业人力资源管理的基本原则，谁创造了多少价值，获得多少回报，如何进行价值评价和价值分配，是保证公平性、维护积极性的关键。然而，一旦战略出现问题，取舍的标准没有了，营销客户会转变为营销老板、营销领导，失去了围绕客户价值的核心，便会形成扭曲的价值观和企业文化，其产生的各种隐性成本难以估量。

执行难以到位，形式主义逐渐蔓延

或许在战略不清晰之前，应当减少谈执行力，因为企业离要求执行力还很远。如果强行要求，可能会在错误的路上走得更远，也可能会引起强大的反抗力量。在很多公司，我看到人浮于事、浑浑噩噩，缺少生机勃勃的创业创新激情，企业想做大基本上是不可能的。当看到很多创业公司彻夜奋战，你会知道有些企业在塑造青春。

第二章
破解全新经营命题

我们常说，**离开了所处的背景，所有问题或者答案都是没有意义的。**回避时代背景，无异于掩耳盗铃，企业家经营企业就是要在当前生态背景下，找到企业经营的核心密码，指引企业走向成功或者避免失败。顺势者昌，逆势者亡，正如马云所说："不是马化腾的企鹅厉害，我马云更没有什么，而是时代厉害，我们只是顺应了时代的潮流。"企业家作为互联网转型的顶层设计师，必须认清大势所趋，并领导企业在趋势里努力。

宝洁公司首席运营官罗伯特·麦克唐纳借用一个军事术语来描述这一新的商业世界格局："这是一个 VUCA 的世界。" VUCA 是不稳定、不确定、复杂、模糊的英文单词首字母缩写。需求变化的不规则和竞争变化的跳跃性造就了这样一个剧变的商业大环境，快速变化成为我们这个时代的主基调，知识、技术、资本、互联网等多种要素在发生剧烈的化学反应，为我们不断刷新商业界面，改变着人们的生活方式和企业的经营方式。

对中国企业来说，当大规模生产已经不再具有竞争力时，如何寻求企业的持续增长，如何定位自身增长的方向，成为这个时代下所有企业的共同命题，如果处理得好，则可成为佼佼者；如果处理得不好，那结果只有一个，被快速淘汰。要持续增长，就要跟上这个时代，这需要我们了解这个时代变与不变的内在规律。

一、形骤变：互联网时代发生哪些变化

在早些年（2008 年之前）从事管理咨询活动中，我们进行行业分析时常常会提及一个概念"井喷"，似乎每个行业都是机会无穷、潜力无限的，跑马圈地的策略可以让企业快速做大。现在，我们最大的感受就是增长缓慢，需求和竞争变化无常，企业制胜的要求更高。

自 2012 年起，宏观经济进入新常态（新常态一词于 2014 年 5 月首次提出），典型特征是高速增长向中速增长转变、结构优化、创新驱动等。在新常态的大环境下，各行业总体呈现出增量市场向存量市场转变，成长导向向周期导向转变，外延式增长向内涵式增长转变，消费、竞争和企业经营发生着深刻的变化。

消费主权意识觉醒，个性定制崛起

互联网对消费者来说，已经是一种生活方式，数字化生存成为一种常态。2016 年，中国智能手机销售量 5 亿部左右，根据艾瑞调查显示，2016 年 10 月，中国活跃移动设备数量达到 10.5 亿台，每部设备每天使用时间达到 163 分钟，约 2.7 小时，使用移动设备已经成为国民生活重要的组成部分，2018 年网购交易额大幅增长。消费数字化已经不是什么新鲜的概念了，而是一个切切实实发生的改变，改变着人们的工作、生活、消费、娱乐、休闲等方方面面，互联网在改变人们生活方式的同时，也改变了商业世界的权力分配方式，继而必然改变企业与客户的交互方式。

这种改变也是伴随着互联网技术的深入而不断改变的，互联网于1969 年诞生于美国，初期只是作为高精尖技术，存在于少数专业人士圈子内部，直至 1990 年蒂姆·伯纳斯·李通过超文本链接技术（HTTP）发明了首个网页浏览器 WorldWideWeb 起，开启了 Web 1.0 时代，极大地开拓了人们的视界，图文并茂让人们获取信息成为一种轻松便利的事情，上网浏览网页一度成为年轻人追捧的时尚，从网站或者搜索引擎中获取对商家品牌的了解成为一种全新的品牌认知方式。

直至 2004 年，互联网泡沫破灭之后，互联网以一种全新的互动方式出现，开启了 Web 2.0 时代，人们既是网络内容的接受者，也可以成为内容的发布者，人与人之间可以在网络世界随时随地互动，消费者对于商业品牌也不再是被动的、默默接受者的姿态，而是以影响者、参与者的姿态主动参与，互联网极大地拉近了企业与消费者之间的距离，以往企业作为神秘、高贵而又不可触摸的存在，现在被消费者一览无余，以往通过品牌部、公关部、推广部等多个专业部门来修饰标榜自己的做法不再奏效，消费者对品牌具有终极发言权，亲民、互动成为建立品牌的基础，尤其是供应链较短的服务行业。

自 2011 年起，随着工业互联网和智能制造等核心概念的相继推出，互联网正在从消费互联网领域向工业互联网领域加速渗透，Web 3.0 时代就这样不可阻挡地到来了，消费者不仅对企业的品牌产生影响，还会参与企业经营的方方面面，参与企业的研发、设计、制造和营销等多个环节，成为企业不可或缺的重要经营资源。

随着消费者主权意识的增强，消费者消费特征也在发生着变化。

感性认知、理性消费

消费者获知品牌或者产品，更多依赖朋友、同事推介或者网络评价，但是，消费者不再简单跟风，不再盲目跟从，而是以一种非常理性的姿态来消费，消费上也越来越体现出极简化、精品化和个性化的特点，不是自己需要的不买，不是高质量的不买，不符合自己个性的不买。

自我标榜、拒绝推销

在数字化生存的今天，以网络时代原住民为代表的年轻一代，他们的消费方式越来越移动化、娱乐化和社群化。年轻一代的消费者具有很强的自我意识，不喜欢被标签化，企图将这一群体标签化的做法恐怕会让企业失望，这种早期管用的细分市场的做法多少会失效，因为这一群体标新立异并且很多具备技术控情结，对产品的细节了解非常详细，消费的主动性强，不喜欢被别人推销，更不喜欢那种被推销的感觉。然而，中国大多数企业依然习惯于根据产品特性来细分市场，而忽视根据客户需求差异来细分市场。

社群活动、体验为王

新一代消费者在线下可能是个沉默者，但是在线上却是非常活跃的主角，可能足不出户，但是尽知天下大事，他们会根据自己的兴趣爱好，加入不同的社群，在社群中获取自己想要的存在感。他们对于品牌的认知也会更加理性，他们屏蔽传统传媒工具的呐喊，他们无视线下的叫卖声。体验才是对品牌认知最好的方式，这也对企业的系统能力提出了全新的挑战，传统的品牌、公关、策划和推广等部门会逐渐成为历史的产物，贴近客户和满足客户的交互能力成为获取信息并建立深化客户关系的主要方式。

主张价值、购买力强

80后、90后一代以及中产阶级的崛起，让这群消费主力军具有更强大的消费能力，在消费过程中价格从最主要的决定购买因素变成了次要因素，关注焦点是价值，如产品性能是否更优越、消费过程体验是不是很好、售后服务是否贴心等成为焦点，这些工业品企业所推崇的营销理念，正在向消费品营销渗透，价值营销会成为未来企业在营销活动中不得不去面对的全新命题，读懂并满足他们，才能打造品牌、吸引消费者。

需求升级、个性定制

在消费者主权时代，消费者已经从注重产品功能转向注重情感、文化、时尚和潮流，转向注重产品带来的体验和价值，从大众化的产品转向追求多样化、定制化和个性化的产品。需求逐步升级，高频次、快节奏、多变化的需求让很多传统企业难以应付。

虚拟现实融合创新，竞争方式多样

互联网的技术结构已经决定了商业世界运行的基因。互联网技术是去中心化的，是分布式的，是互动的，也是平等的。互联网的特征就是以数据为纽带，不断虚拟化商业活动，为了实现某种特定的目的，将分布式资源以最高效的组合方式，冲击和改变着原有的资源整合方式和商业运作形式，在互联网所构建的网络世界里，每一个环节都是平等的，每一个节点都是彼此增强的，互联网本身并没有改变物的存在，但是它却在重新定义物的存在价值和目的，正如在《互联网时代》中所说的那样，每一个我都让你变得更强大，每一个你都让我变得更高效。

按照德鲁克的观点，**互联网最大的贡献在于消除了距离。**互联网是一种虚拟的链接，通过数字化链接，构建一张巨大的网络，网络中的每一个节点都是一个客观的存在，从商业的角度就是供求链条中的各个环节，这张网络变成了虚实相结合的网络世界。这种链接与网络会带来诸多全新的变化。

第一，实体与虚拟会加速融合。传统企业与互联网企业的界限会逐渐模糊，由于实体企业与互联网企业在商业世界各自有其存在的价值和意义。今天我们还会从实体企业和互联网企业的角度来思考"互联网+"和"+互联网"的区别，但是随着虚拟和实体逐渐融合，所有企业都将是互联网企业，所有企业也都有实体存在，"互联网+"与"+互联网"将不再有区别，正如包政老师所言："未来不存在所谓传统企业和互联网企业之分，本质上，所有的企业都是互联网企业，企业的组织及生产方式都必须互联网化。"然而，由于传统企业与互联网企业在灵敏度上的不同，总体表现出传统企业融合互联，创新模式，而互联网企业渗透传统，推进资源整合构建壁垒。

第二，数据成为全新驱动要素。互联网时代将消除信息不对称所形成的商业状态。在传统的工业时代，厂商之间通过信息不对称来引导消费者甚至诱导消费者，获取巨大的商业利益，但同时也潜藏着因为信息不对称造成的商业损失，因大量产成品滞销和库存积压，让很多传统企业在当下全新的经济环境下苦不堪言。互联网打破了信息不对称，使得信息更加透明，**"以客户为中心"从商业准则变成商业现实**，为客户创造价值的环节被透明化了，不创造价值的环节将逐渐被优化或者淘汰，可以说，互联网技术正在加速、优化和创新商业运营。

第一，通过社群化的方式改变与客户的交互方式，从过去的猜测变成了精准，单向推式营销变成了双向互动营销，如孩子王、青岛红领、尚品宅配等企业在这方面走在了前列。

第二，通过平台化的方式优化资源配置，企业从一个刚性的整体变成一个开放的组织，每一个环节都可以成为一个接口，"互联网＋传统企业"正在逐渐演变为"互联网＋职能模块"，企业逐渐成为平台，如海尔，同时，每一个职能模块也在成为平台，宝洁的研发众包平台就是典型。

第三，通过数据化的方式优化组织运营效率，企业运营的每一个环节都可以被量化，低效或者负效环节无处遁形，如西门子安贝格工厂那样把精益生产与精益管理充分结合。

第四，通过网络化的方式创新商业模式，模式创新在不断融入网络因素，如苏宁正在打造的"亚马逊＋沃尔玛"模式就是一种全新的O2O模式创新。

第三，促进商业格局两极分化。 由于互联网技术导致资源链接成本大幅度降低，资源聚散更加便利，企业原有的生存法则发生改变。在大众产品消费市场中，强大的品牌影响力和成本与品质管控能力依然是企业成功的关键，强势企业以其传统工业时代所具备的优势，利用互联网技术刷新核心竞争力，依然可以在关键成功要素上保持优势，获取"赢者通吃"效应，推动大众品牌的市场持续集中，而原有利用信息不对称来获取经济收益的小品牌或者假冒伪劣品牌会因生存压力而快速被淘汰，市场会逐渐规范。另外，以一技之长、贴心服务满足小众产品市场的小众品牌异军突起，与大众品牌的强势厂商形成互补，因此，厂家剩下的只有"大鱼"和"鲜鱼"，但是都必须是"快鱼"。

第四，企业前后台将深度融合。消费互联网对传统产业影响主要集中在产品走下生产线，接触消费者的"前台"，如营销、流通、售后等环节。而在工业互联网时代，正如腾讯公司董事会主席兼首席执行官马化腾的解读，新一代信息技术正从价值传递环节向价值创造环节渗透，对原有传统行业起到很大升级换代作用。我们在此将"后台"限定为价值创造环节，包括供应链、设计、流水线、库存等。冷冰冰的后台曾离用户很远，如今不但距离在拉近，而且有了情感与温度。

那么，未来竞争会发生在哪里？答案是唯一的，必须是在消费者界面上，如果不是在消费者界面上的竞争行为很可能是无效的，要更加主动地进行市场细分切割，通过消费者的口碑来缔造品牌，围绕客户价值不断升级创新，打通入口。同时，竞争理念也将发生改变：**第一，强调核心竞争力基础上的瞬时竞争优势，资源的高效快速聚散能力和快速变现能力凸显；第二，企业不存在严格意义上的竞争对手，原来的竞争者随着企业自身定位的改变可能变成合作者。**例如，企业原来是个制造商，现在变成集成服务商，那么，原来竞争对手的优秀产品成为你的解决方案的一个要素，如IBM。再如原来你是制造商，现在你是平台服务商，原来的竞争对手则可以通过你提供的平台来服务客户，如陕汽的"车轮滚滚"平台。

商业生态系统运作，经营全面升级

张瑞敏在2012年全国管理创新大会上讲道："用户个性化需求是碎片化的，打个比方说，它就像一面五彩缤纷的马赛克墙，企业也不能是单色的，企业必须和五彩缤纷的马赛克墙对应起来。"要实现此目标何其困难？面对这些需求，企业传统的运营系统与变化的需求之间产生了一些不可回避的矛盾：个性化与工业化大规模制造之间的矛盾；企业的有限能力与客户的无限需求之间的矛盾；制造的单一性与需求的多样性之间的矛盾；制造的效率递增与消费的效用递减之间的矛盾……

任正非说过，客户是华为存在的唯一理由。在日益全球化和网络化的现代商业中，个体的丰富性、多元性、差异性和易变性等特征，决定了企业关注的战略焦点将不再是企业甚至行业本身，而是整个价值创造系统。企业仅凭单打独斗是无法立足的，而是要依靠商业生态系统的力量来应对多样多变的需求，就像自然生态系统中的物种一样，商业生态系统中的每一家企业最终都要与整个商业生态系统共同应对变化。

"**与趋势为伍，与强者联盟**"逐渐成为企业家的共识。无论是主动选择生态化，还是被迫走上生态化的道路，生态化经营已经逐渐成为企业界关注的焦点。不管你做什么生意，生态化经营都是企业未来的转型升级方向。

社群化——改变客户交互方式

广义社群是指某些边界线、区域内发生作用的一切社会关系。在线社群是一群人自主自发地在网上聚集而形成的拥有共同价值评判标准、类似的诉求和目标的虚拟实体。在线社群形式多样，如交友、学习、生活技巧、商业等方面。在线社群是一个开放的虚拟关系，聚散比较随意，因此，客户黏性和内容创新变得非常重要。围绕社群这一特殊特质，目前兴起一种全新的营销模式——社区商务，通过创新客户（用户）交互方式，倾听客户（用户）的意见，快速迭代优化产品，持续保持客户（用户）参与热度，提升其参与感和存在感。

你不理客户，客户也不会理你。在线社群与线下社群一样具有温度和感召力，也会有层次清晰的远近关系，社群会围绕一个产品或者某个人为核心，在线社群所提供的内容一定要具有社交化、娱乐化和场景化，让参与者获取价值和快乐，继而成为你的产品或者个人品牌的忠实支持者和重要推广者。

平台化——优化资源整合方式

平台（Platform）一词源自于火车站月台，意指进出聚散的关键场所。对企业来说，平台是一种重要的资源整合方式，也正在演变为互联网时代的一个重要竞争战略。2013 年，哈佛大学托马斯·艾斯曼教授研究表明，全球最大的 100 家企业有 60 家企业主要收入来自平台商业模式。海尔在商业模式创新中的目标是实现"三化"：企业平台化、员工创客化和用户个性化。**平台是商业生态的焦点，是面向 N 种市场供给与 M 种客户需求的中转枢纽，平台化战略的基本模式就是"N×1×M"，其中的"1"就是平台，既是资源汇集的入口，也是价值输出的出口。**

平台，已经成为一种重要的社会现象、经济现象、组织现象，互联网企业的"平台 + 多款应用"，传统企业的"大平台 + 小前端"，如华为的"大平台 + 前端铁三角"，韩都衣舍的"平台 + 小组制"，企业平台化就是使企业让全球的资源都可以为你利用，互联网时代不再追求产业集群分布的强地域关联，平台化整合，离散化分布，即使地处偏远一隅也可以整合全球最优质的资源。

数据化——提升组织协同效率

马云说过，未来几年要把一切业务数据化，一切数据业务化。信息技术发展到今天，互联网化的本质和核心其实就是"数据化"。传统企业即使收集了一些数据，但其数据的力度、宽度、广度、深度都非常有限，由于缺乏数据，实体店对自己的经营行为、对消费者的洞察以及和消费者之间的黏性都理解得十分有限。随着数据不断深入和扩大，整个人类历史都将以数据的形式而存在，数据就是静态的历史，历史就是动态的数据。**当一切交易或活动数据化以后，历史和现实就可以通过数据来重建、分析和解构，通过数据看清问题、发现盲点和把握未来。**

麻省理工学院一项针对数字业务的研究发现，那些在大多数情况下进行数据驱动决策的企业，它们的生产率比一般企业高 4%，利润则要高6%。有远见的公司已经把数据驱动决策融入他们的日常工作，在做决策时可以容忍疑问，甚至异议，只要这些质疑是基于数据和分析的基础上，这才是真正的数据驱动型企业。如果你的企业还没有开始构建数据化运营体系和数据化的组织建制（数据分析岗位会越来越重要，越来越专业），那么，你的企业很可能将因为失去数据打造的核心竞争力而苟延残喘。

网络化——创新企业商业模式

商业模式的基础是生态化，网络化促成生态化。奇虎 360 董事长周鸿祎认为："虽然很多企业在讲转型互联网，但什么是互联网化，他们根本不理解。在我看来，主要就是'四个化'，第一是商业模式互联网化，第二是产品体验互联网化，第三是市场推广互联网化（产品的推广要基于好的产品体验，依靠口碑进行推广传播）；第四是产品销售互联网化，通过商务电子化压缩中间渠道、环节等不必要的成本。"网络生态经营的代表企业有 BAT、小米等，其中，BAT 生态系统企业基本都是"流量生态"或者说"广告生态"，这符合互联网时代的前沿性特点，也是以互联网技术为主轻资产公司所选择的最佳战略。小米等生态型企业围绕生态级实体产品（也包括服务）开展生态系统。

小米生态圈实际上是构建了一个"电商平台 + 硬件 + 软件"的闭合商业生态，具体运作包括粉丝运营和内容运营；另外一个维度是产品链，小米通过资本输出和品牌输出，完成对中国制造中消费电子产品的创新支持，两者结合起来，小米立体构建了一种类似"加盟连锁"的品牌共生生态系统。小米通过投资的方式来扩大其商业生态系统，生态领域的发展大体分为六个发展方向：第一个方向是手机周边产品，如手机的耳机、小音箱等；第二个方向是智能可穿戴产品，像手环、手表、体重秤、未来的智能医疗类、运动健康类等；第三个方向是传统白家电的智能化产品；第四个方向是优质制造资源；第五个方向是个人生活耗材，小米也做衬衫、插线板这些产品；第六个方向是极客互融产品，如无人机、平衡车、3D 打印、机器人等极为吸引年轻人眼球的东西。

二、神不变：互联网时代哪些是不变的

互联网时代最大的特点是变，但是，在这些变化之中，我认为有两个要素是始终不变的，即创新求变的企业家精神和供求关系一体化的商业内核。

创新求变的企业家精神

"企业家精神"是企业家特殊技能（包括精神和技巧）的集合。关于企业家精神，不同的人有不同的解释和理解，我的看法很简单，创新求变是企业家的基因。

企业家精神第一条：创新

什么人最创新？我说创业的人最创新。企业家从创业的那一刻开始，就开启了一段漫无边际的解决新问题之旅，面对新的问题和新的挑战，注定要用创新求变的思维应对变化，墨守成规、因循守旧恐怕难成大业，也谈不上所谓的企业家。管理大师彼得·德鲁克在《创新与企业家精神》一书中指出，企业家总是在寻找变化，对它做出反应，并将它视为一种机遇加以利用。企业家工作的本质就是"创造性破坏"，这是经济学家熊彼特对企业家精神的经典诠释。

创新是企业家的灵魂。与一般的经营者相比，创新是企业家的主要特征。企业家的创新精神体现为一位成熟的企业家能够发现一般人所无法发现的机会，能够运用一般人所不能运用的资源、能够找到一般人所无法想象的办法。企业家眼里没有事无巨细的小事，而总是在谋划和布局，敢于尝试新思路和新方法，不愿一成不变或者按照竞争对手的方法运作，他们知道那样根本无法战胜对手，要想赢就得要"守正出奇"，通过创新推动事物往自己构想的场景发展，方式、方法无定式，有了创新精神，注定是开放的、包容的。

创新精神体现的是企业家的洞察力、决断力和行动力，面对市场变化的敏锐嗅觉、市场定位的决断力和资源整合的行动力。创新精神是企业家领导力的全面体现，即面对变化发扬精进精神，也是责任意识的体现，即带领一群人，为客户创造价值，为员工谋求福利，责无旁贷。无论打江山还是守江山，创新精神都是永恒的。

企业家精神第二条：求变

求变就是要打破原有的条条框框，就是要不拘一格，企业家是一群有着英雄情结、冒险精神的特殊人群，他们有着自以为是的傲气，同时也是有着自以为非的魄力，敢于坚持，更敢于否定自己，表现出异乎常人的胆识和魄力。

求变，更是识变、应变。"穷则思，思则变，变则通"，求变是一种企业家精神中的主观自我能动性，是"自杀求生"的精神，可以说"求变就是求赢"。很多人动辄站在道德制高点上，对企业家不甘现状、谋求变局的想法，提出这样或者那样的批评，我认为这是不对的。我在咨询或者培训的客户时，很喜欢与企业家们天马行空地畅谈未来，或许一些现在看似不可能的事情或想法，以后会成为未来的主流，我更愿意做的是在这些想法后面提供系统思考的理论支持，在可能性和可行性之间寻找契合点。青岛红领这几年很红火，而十年前红领创始人张代理坚守的"个性化定制正装制造体系"被很多人怀疑和否认，甚至连他的女儿都不理解，然而，今天青岛红领已然成为一个时代的引领者和智能制造的标杆企业。德鲁克说过，企业家要走在时代的前列。我想这也是求变思维最好的印证，中国企业家需要的不是指责和评论，而是恰到好处的帮助和支持。

求变，就要敢想、敢干、敢付出，就是要有股子将别人眼中的不可能变成可能的豪气。苏宁独创的"沃尔玛＋亚马逊"模式，在全球零售业中是没有先例的商业模式。没有先例的商业模式并不等于没有具体的参照或没有具体的路径、线索用来选择。苏宁在确定自己的互联网零售O2O模式的过程中，始终把握零售的本质，即以商品经营为顾客服务，只要抓住在互联网时代怎样做商品经营，怎样为顾客服务，就找到了未来的解决方案。

价值＋效率的商业内核

科斯指出，企业本质是一种资源配置的机制，企业与市场是两种可以互相替代的资源配置方式。换句话说，企业之所以存在就是要通过资源配置，实现供求匹配和产销平衡。包政老师认为："在互联网创新的种种现象或形态背后，隐含的基本规律就是，供求一体化所带来的资源利用和价值创造的有效性。"追求供求关系一体化是商业世界运行的内核，每一次工业革命的发起，其根本原因都是人类相对滞后的生产手段与不断扩大需求间的矛盾，每一次生产力的变革都是缓解这一矛盾的过程。

供求关系一体化，即企业、客户、产业链的一体化。产销分离继而导致产销背离，信息不全、失真、滞后等一系列问题是导致产销背离的原因。尽管在工业时代存在结构性供需矛盾，但是依然不能否定供求关系一体化的内核，我以服装和手机行业为例来演绎一下。

在服装行业，有几个非常典型的代表，如李宁、优衣库、ZARA 和红领等。李宁在 20 世纪 90 年代前后，几乎成为中国服装的代名词，光鲜的企业家光环（体操王子李宁）以及远低于国外品牌的价格（1/4 左右国外品牌的价格）和不错的品质，满足了市场需求。然而，李宁没能在产品品牌上塑造出个性鲜明的定位，以至于当市场需求逐渐饱和之时，企业的盈利能力锐减，大量生产与大量消费对接的李宁在那个时代成功了，却在这个时代变得艰难，原因在于供给没有与其目标市场的需求之间达成一体化。优衣库既没有采取快速反应战略，也没有推行快速时尚路线，而是充分发挥原材料的优势和强大的研发能力，在各地开设了大型的基础类服饰商店。它的成功源自其清晰的高端定位，以及与高端定位相匹配的产品研发能力，打通了供需关系一体化。ZARA 把服装定义为快时尚，ZARA 不预测流行趋势，也不制造舆论引领时尚，而是通过不断地推出新产品，寻找消费者的真正需求。以追求时尚的年轻消费群体为目标客户，通过快速的设计和高效的供应链网络，打造服装界的快时尚，其成功再一次验证了供求关系一体化。红领专注正装，被誉为互联网时代最专业的"裁缝"，量体裁衣，个性定制，使得其在正装领域站稳脚跟，其生产制造以及供应链体系围绕的便是个性化定制的能力打造，得以打通供求关系一体化的各个环节。

在手机行业，按照供求关系一体化的逻辑，似乎与服装行业极其类似，诺基亚在功能机时代，以品质、价格和服务的综合能力打败了手机鼻祖摩托罗拉，成就了王者荣耀，让这个北欧国家芬兰的产品畅销全球，市场占有率一度达到46%，加之强大的市场运作能力和渠道操作能力，使得一大批国产手机无法存活，如夏新、波导和联想等。进入到智能机时代，苹果手机以"系统＋硬件＋互联网服务"的结合带来全新的用户体验，引领了一个全新的智能机时代，颠覆了诺基亚看似不可撼动的地位。在智能机时代，国产手机表现不俗，OPPO、vivo的兴起，以音乐和拍照为核心诉求的年轻女士为主要目标客户，建立其广泛的深度营销体系，通过明晰的市场区隔和能力打造，实现传统深度营销模式在互联网时代的再次升级。小米的成功利用互联网尤其是移动互联网手段，有效地走进需求链，走进消费者的生活方式之中，通过互动实现大规模定制。华为手机以强大的研发能力，不断进军高端手机。

供求关系一体化就是需求和供给之间的一致性，这一逻辑适用于任何行业，阿里的成功，在于它顺应了供求一体化的客观要求，它使那些中小工商业者，能够借助于阿里的平台，与需求者直接建立联系，从而确保产品再生产循环。滴滴打车的成功，就是通过将出行交通用车的社区化或社会化，实现在出租车辆供给与打车需求之间建立高效联系。欧派的成功，顺应了厨电一体化需求升级的需求。

从整个商业发展史来看，供求一体化似乎也是一种时代周期性的外部表现形式，其本质还是"高效率地满足客户的高价值需求"，因此，效率与价值才是商业的真正内核。从企业本身来看，企业外部的市场与客户是成果区，只有创造出客户认可的价值，鲜活的、系统性的价值，企业才能生存与发展；企业内部的运营是成本区，只有高效率、高效能地运作才能支撑外部成果的产生，因此，外部价值确定内部效率，企业效率支撑客户价值，是商业内核的关键性诠释。在互联网时代，价值与效率的融合正在逐渐深化，社区商务通过创新客户互动方式，走进客户需求链，走进客户生活方式，精准把握客户需求。物联网和智能制造建设，实现了以数据为驱动推进生产制造的高效精准。云计算和大数据系统的发展，寄望于更好地推进需求和供给关系的整合与统一，深挖潜在需求和把握需求趋势。

三、心渐变：商业趋势的五大转变

当今，商业世界里依然在争论互联网是工具，是思维，还是基础设施。这些都是见仁见智之事，视角不同而已。我们认为如果从为客户提供价值的角度看，互联网是工具，为价值创造提供便利；要是从提升运营效率的角度看，互联网是思维，在创新资源的整合和交互方式；而要是从整个商业社会的角度来看，互联网不过是基础设施，如水、电、煤气一般。可以说，互联网既是工具，也是思维，同时还是基础设施。搁置争论，面对趋势，选择适应潮流的经营决策才是最佳的，也是最理性的。

产业链关系：从"静态连接型"转向"动态一体型"

供求关系一体化是商业内核，是商业世界的核心逻辑，很多企业出现问题或者经营出现困境，都可以从这个角度出发思考。例如，是不是目标市场开始萎缩，是不是市场需求发生转移，是不是供应系统在满足企业的目标市场上存在不足，是不是供求界面上存在着信息壁垒等，供求关系一体化是一个动态的概念，工业时代对于供求关系一体化的思考更多停留在静态观点，"静态连接型"一旦确定目标市场，那么围绕目标市场提供产品或服务的做法，就将企业的注意力和焦点放在产业链上下游的合作上了。换句话说，就是从产业链关系一体化的角度思考问题，如何跟上游厂家合作，如何跟下游代理商合作等，兼并重组等一系列战略举措更多也是围绕这个主题。那么，在未来，这种静态、松散的思维一定会被动态的、紧密的供求关系一体化思维所取代，经营模式和商业模式也将会从产业链的松散关系一体化向供求关系一体化转变。

未来的商业，随着互联网技术的进一步发展，商业世界集中表现出"三多三少"的局面，三多为"信息泛滥、知识盈余和产能过剩"，三少为"创新不足、信任缺失和精力有限"，如何抓住消费者有限的精力，快速建立信任，企业的商业模式和运营模式必须将客户纳入进行系统思考，并且能够动态柔性地跟随着客户的变化，始终把握市场的脉搏。互联网作为一种非常重要的通信技术和工具进入社会生活和商业世界，为供求关系一体化提供了极大的便利，互联网在链接商业世界的过程中，一定会通过透明化的手段，在需求和供给之间建立起更深远的关系，"互联网＋"或者"＋互联网"等手段在供求关系一体化的进程中，一定是先做减法，实现价值增值。**互联网的"减法逻辑"有三大重要举措：第一是"减闲置"，通过信息和数据，将闲置的、不创造价值的资源和环节消除；第二个是"减边界"，通过全新的信息化手段打破传统交易与合作边界，减少不必要的交易成本；第三是"减低效"，通过信息化手段链接，发挥资源聚焦与整合，将低效环节进行系统整合，降低不必要的浪费，充分发挥资源整合效应。**

动态的供求关系一体化不是站在单一企业的立场，也不是从一个行业的角度出发，而是从整合产业的角度，以客户需求为核心，利用信息技术手段，将所有相关方利益整合为一体，共生共荣的体系，是将有形的物和无形的服务，以追求最佳的方式进行配置，打通供需两大系统，UBER如此，滴滴打车如此，尚品宅配如此，陕鼓动力如此，小米手机如此。凡是成功者，都是将消费者视为一个非常理性的需求者，作为一个系统来对待。

企业协作：从"有限利益链"转向"无限价值网"

在大规模制造和大规模定制时代，价值链（利益分配链）是检视企业内部所有活动及活动间的相互关系、分析竞争优势的重要工具，是企业竞争战略的思维方法。而在网络经济下，企业的各种交易成本大大降低，客户的力量空前强大，分众化、个性化代替了稳定的客户群，基于价值链的上下与整体效果和优势在衰退，取而代之的是效率更高、多条价值链紧密结合的价值网络。从价值链到价值生态网络，体现从交易成本最小化到交易价值最大化经营理念的转变，整合是价值网络体系下的一种典型模式，整合以客户价值为导向，仅仅抓住客户需求反响匹配资源，将各方的资源和能力迅速地联系起来，在协同互利的规则下，实现价值的创造和传递。

在网络经济与互联网时代，无论是传统企业还是互联网企业，所面临的市场竞争早已经不是技术、产品、服务等单一要素的策略或某几个要素的策略组合的比拼，而是不同结构的商业生态系统之间的对抗。商业生态系统围绕的核心永远是客户价值创造，围绕为最终用户提供良好的服务和解决方案，聚焦大批具有核心能力的优势资源，形成全新的商业模式和价值创造体系，这一过程中相关利益方之间的关系，不再是线式、链式的关系，而是网络化关系，**这种网络化关系既不是简单的交易关系，也不是简单的合作关系，而是一种无限的、虚拟的网络化组织、一种价值网扩张的动态战略联盟。**

波音公司在这方面走在了历史的前头，波音公司是世界上最大的航空航天公司，其客户遍布全球 145 个国家。波音公司不仅是全球最大的民用飞机和军用飞机制造商，而且是美国航空航天局（NASA）最大的承包商。目前，全球正在使用中的波音喷气客机 1.1 万架。"9·11"事件对民航业产生的冲击最大，乘客大量减少迫使航空公司不得不取消许多飞行航班，导致民航客机数量过剩，继而导致了许多航空公司取消了购买新飞机的订单，作为飞机制造业巨头的波音公司在短时间内失去了很多订单，如果波音公司采取大而全的企业组织架构，所有零部件制造工作都由波音公司自己完成的话，大量订单的取消将导致企业生产能力严重过剩，制造车间开工不足，工人失业，最终可能导致波音公司破产。但是波音公司的损失并非人们想象得那么大，因为该公司在"9·11"事件之前已经完成了组织架构的调整，不再是大而全的制造企业模式，波音公司已经成为一家全球虚拟企业。波音公司本身主要承担研发、销售和总装，同时加强其相对薄弱的信息技术、服务领域和集成能力的研发，另外，将制造部分进行外包，大量零部件制造工作（一架波音 747 飞机包含 450 万个零件）被分包给了全球 65 个国家的 1500 家大企业和 1.5 万家中小企业完成。此举，一方面降低了经营风险，又能通过全球最优质资源的聚合极大地降低总成本，波音可以更好地聚焦于核心竞争力的研发领域，形成了更高的市场壁垒。

近几年来，航空运输需求快速增长，民用航空业进入了一个新的高速发展阶段，对飞机的需求量迅速增加，波音公司的飞机订单也迅速增加，由于零部件供应商维持了庞大的制造能力和劳动力，又有一套在信息技术支持下利用全球制造资源为其生产服务的手段和方法，波音公司马上就能扩大生产，利用全面的制造资源为本企业服务，形成一个进退自如、高效敏捷的以波音公司为核心的全球虚拟协同组织。

经营重心：从"企业中心型"转向"客户中心型"

一切表现出来的都是形式，本质永远是深藏于形式之后，驱动形式的变化。要透过现象看本质，还要研究形式，分析形式的变化探寻本质内涵。对商业本质的探寻，可以从商业范式的变化进行观察与研究。

互联网时代，由互联网引发的全新商业范式的基本特征是"客户驱动"，无论是工业品还是快消品，都体现了这一个变化，与之对应的是工业时代"商家驱动"的商业范式。工业时代，以厂商为中心的商业范式，其基本特征：以厂商为中心、大规模生产同质化商品、单向"推式"的供应链体系、广播式的营销、被动的消费者。而"客户驱动"则完全反过来，是以消费者 / 客户为中心的商业范式，其基本特征：消费者为中心，个性化营销捕捉碎片化、多样化需求，"拉动式"的供应链体系，大规模社会化协同实现多品种小批量快速生产。

十年前，一个做家具的朋友向我诉苦，他们的业务是做厨房家具，厨房家具是一个定制化要求较高的产品，要根据不同房型和位置来设计，如果做标准家具，则市场有限；做定制家具，难度又很大，需要大量的人力和物力来支撑。当企业经营规模做到一定程度后，再怎么也做不大了，问我有何有效的解决方案。当时面对这样的问题，我给出的答案是希望他能够把产品系列化和模块化，通过模块组合来满足需求的差异化，显然，这一建议当时并没有得到他的重视，因为从当时这家公司的规模和实力来看，实现起来难度不小。然而，没过多久，一家叫尚品宅配的家具定制企业给出了完美答案。

2004 年成立的尚品宅配，当时面临两种选择，像大部分家具企业那样，以大生产、大库存的模式面向大众市场销售单一产品，还是另辟蹊径，面向小众市场销售个性化产品。尚品宅配将两者结合一下，选择了一种大规模实现个性化定制的模式。在年产值 6500 亿元却没有任何一家企业的市场份额超过 1% 的家具行业，如何才能面向中产消费者实现全屋家具定制？尚品宅配的商业模式是这样的：基于互联网的实时交易和互动设计系统，让消费者参与设计，参与设计平面布局和体验全屋模拟，通过条码化生产自助查询订单进展。这套信息化系统实现了消费者、终端门店、公司和工厂之间的紧密联系。另外，尚品宅配采集了数千个楼盘的数万种房型数据，建立了"房型库"，辅以自身的"产品库"，消费者要想选择、对比与修改，有了现实的基础。基于这两个数据库，也就可以组合出多种多样的空间整体解决方案。2017 年，尚品宅配已有万余名员工，在全国有近千家连锁专卖店，同时拥有在线定制的活跃网站，年销售额也达近 50 亿元。

马云认为，未来的世界由数据驱动，生意将是 C2B 而不是 B2C 模式，用户改变企业，而不是企业向用户出售。定制将是未来商业模式的主流，它的要求是个性化需求、多品种、小批量、快速反应、平台化协作。消费者全程参与企业经营的各个环节，品牌推广、研发设计、生产制造等迫使企业越来越透明，生产商根据市场需求变化组织物料采购、生产制造和物流配送，使得生产方式由大批量、标准化的推动式生产向市场需求拉动式生产转变，企业生产体系必须适应"多品种、小批量"的要求，才能"接得住"蓬勃的个性化需求。

经营方向：从"规模范围型"转向"利基深耕性"

牛津大学学者詹姆斯·哈金写了一本书《小众行为学》，书中明确指出，未来社群经济将取代"将所有商品卖给所有人的策略"，在书中他提出了"中间市场"一词。中间市场过去是最广阔的市场，即那些用户并非你最核心的用户，但是他们选择不多，而你的产品又能勉强满足他们的需求。过去他们会成为你的客户，现在不可能了，因为同样的需求可以被另一些竞争者更精准地满足。

目前很多企业面临的经营难题是如何实现持续增长，这种持续增长往往是在传统行业中面向饱和的市场时引发的困惑，他们努力通过规模经营方式和范围经营的方式持续降低价格，通过价格优势销售同质化的产品，在近身肉搏的红海市场，最终获得的只能是高库存和垂危的资金流。当在这种红海竞争中，有许多不敢沦落的企业选择以差异化的产品满足客户的个性需求，正如《蓝海战略》作者金教授所言，对市场进行进一步细分，找到个性化需求，将竞争上升到另一个层次，推动企业向更高层次提升。

规模经营和范围经营是典型的工业时代概念，规模经营试图通过产量的增长来摊薄成本，实现价格降低，而要试图实现规模经营，产品的标准化程度自然要高。而范围经营是试图通过在同一个空间内生产多种产品，实现产能利用的最大化，以此来实现成本降低，目的都是一样，即通过高效利用产能来实现降低产品成本。无论是规模经营还是范围经营，都是以竞争为核心出发点，考虑的是如何以更低的价格打败竞争对手，站在厂家自身的角度来思考，其内在逻辑就是价格低了，自然就有市场，这是稀缺经济下的经济法则。然而，当产品极大丰富、供求关系逆时，经济法则从稀缺性法则向丰富性法则改变，原有的游戏规则已经不能适应新商业世界的玩法。

《从 0 到 1》这本书中有一个观点是，形成网络效应的企业，必须从非常小的市场做起。《小众，其实不小》一书的推荐序中提出，facebook 创始人扎克伯格在 2010 年就说过："如果我一定要猜的话，下一个爆发式增长的领域，就是社群商务。"后网络时代是规模经营退位、深度经营崛起的时代，就是各种"大山"——众人皆知却无人喜爱的商品不见了，取而代之的是无数小丘——利基商品异军突起，换言之这是范围经营失色、利基经营方式崛起的时代。

利基经营和深度经营将成为互联网时代的新经营模式，即使你的产品具有大众化的特点，具有全国市场布局的能力，那也得从局部客户、局部市场发力，形成利基市场，通过利基经营带来的网络效应，迅速放大企业资源整合的能量，深度经营就是要将企业与客户关系从弱关系向强关系转化，建立起持续的互动关系。说起利基经营和深度经营，演绎最为成功的典型案例应是"孩子王"。

"孩子王"是一家母婴零售连锁品牌，2016 年新三板挂牌，当天市值突破 140 亿元，成为母婴零售领域首家市值过百亿元的公司。它是如何做到的呢？"孩子王"服务人群定位在 0 ~ 14 岁的孩子及准妈妈，主营商品是奶粉、尿片和玩具等。其提供服务的方式极具创新力，通过一站式服务，包括商品服务、游乐服务、互动服务、咨询服务，以及妈妈和孩子在孕期和成长过程中所需的各项服务，例如，妈妈产后恢复辅导、0 ~ 3 岁早教、3 ~ 10 岁的英语教育、才艺类（如钢琴、架子鼓等）培训，以及游乐、儿童摄影等一站式的服务，满足孩子娱乐、教育的需求。对其服务方式可以用其 CEO 的一句话来总结："回想这六七年，我们只干了一件事，就是到顾客当中去，从会员里面来。"目前，孩子王的会员制度已经覆盖了 1000 多万会员家庭。"孩子王"通过实体店、PC 端官网商城、移动端 App、孩子王官方微博、孩子王官方微信订阅号等互动平台，结合线下的丰富主题和活动，形成线上为主、线下为辅的互动活动，单就线下来说，每个门店每年举办 1000 场活动，平均每天 3 场，保证做到月月有主题，周周有活动。另外，通过三级服务体系深化客户黏性，第一级是近 5000 名的"育儿顾问"，是走进客户、建立信任的关键环节；第二级是近百名的"育儿总监"，提供专业的咨询或提供强有力的营销内容；第三级是引入必要的社会化力量（教师、医生等）。"孩子王"完成了一系列转变，从经营商品向经营人转变，经营要素从广告、促销、价格向关系、场景和内容转变，从线下一家零售店到城市儿童的线下社区转变，"关系＋场景＋内容"的全新模式，将"孩子王"打造成为用户顾问，"孩子王"卖的不是商品，而是顾客关系，"孩子王"成为新家庭室内活动中心、儿童线下互动超级社区和母婴童商品与服务中心。

产品开发：从"目标计划型"转向"需求迭代型"

产品开发模式是体现企业经营模式最好的方式，产品开发模式重点不是你如何开发出来产品，而是你为什么要以某种方式开发何种产品，产品服务于哪些客户，应用于什么样的场景，解决了哪些问题。客户需要的是孔，而不是钻头，解决方案才是真正的答案，而不是解决方案的素材。产品本身并不是目的，而是一种手段，是客户价值的一种载体而已。

在工业时代，很多企业的产品开发思维延续着计划经济体系下的开发思维，追求产品的技术性能，向客户兜售的也都是产品功能和性能，企业更多希望客户认可并且配合自己，而不是配合客户、满足客户需求。

那种基于目标，按照刚性死板的计划性开发产品的模式将会被淘汰，取而代之的是面向客户需求的快速迭代，产品将成为企业与客户之间重要的入口和关系纽带。为此，企业需要做好三件事情。

第一，将客户体验放在第一位。品牌源自于体验，体验造就口碑，企业要始终超越客户认知去创造全新的客户体验，没有差异化就不能形成全新的客户体验，没有深入解析客户需求就没有创造全新客户体验的契机，创造客户体验绝不是闭门造车，而是需要企业站在客户的立场，这是一种全新的认知，客户在乎的并不是你有多强大的研发体系，并不在乎你有多强大的制造体系，简单来说，他并不关心你是怎么设计制造出产品的，而关心你有多么考虑他们在实际采购时、使用时以及售后服务等环节的感受。

第二，让客户参与你的产品开发。小米拥有 500 万用户一起参与开发的 MIUI 平台、宝洁的众包模式、海尔 HOPE 互动平台、华为的花粉社区等，都是建立在让客户参与产品开发与设计过程的基础上，让用户成为设计者，企业要做的就是把客户需要的东西整合、开发出来，用户不再是单一的消费者，而是作为一种产品研发设计的社会性资源，企业不能自我封闭，陷入自我完美情节，认为自己的产品具有创新性和高技术含量，任何先进的技术、产品、解决方案或业务管理，只有转化为商业成功才能产生价值。如果客户不认可，这些所谓的优势，都不是优势。所谓优势，其实是在面对多种选择时，消费者选择了你，而促使他选择你的理由才是你最真实的优势。要让客户选择你，最好的方式是让他们参与进来，让他们的理由成为你设计产品时输入的素材。

第三，用心倾听客户的声音。快速迭代追求的是快速反应、高效应对、迅速调整，你需要坚信任何产品都是不完美的，迭代开发的目的就是要寻求更好的解决方案，很多时候，解决方案就在客户那里，企业需要的就是俯身去采摘这些已经存在的花朵即可，这也是互联网精神的最佳体现，放下高高在上的姿态，俯身倾听客户的声音，积极收集客户的反馈。当然，客户专业度参差不齐，有些是专业性意见，有些则是谩骂和吐槽，为此，企业需要多方位、多渠道了解客户的反馈信息，找到反馈背后的逻辑，以专业视角去设计和优化解决方案。另外，倾听客户声音最重要的不是方式，而是要用真心，你用多少心，就决定了你能做多少事；你用多少心，客户就会回报多少收益。因此，真心诚意的服务精神才是正道，过去那种靠宣传、自我标榜的时代已经成为历史。

第三章
解密顶层设计系统

当宏观经济的高速增长已经不可持续，中速发展成为常态，商业社会中长期积累的深层次矛盾，如产能过剩、环境污染、人工成本上升、企业获利能力退减等，正在形成倒逼机制，推动企业进行转型升级。如何进行转型升级呢？如何有效地打破经营困局呢？这是本书要回答的核心要点，答案就是顶层设计。顶层设计这个概念源于工程学，而后延伸至政府规划和企业战略等领域，应用领域不断扩大。

与顶层设计对应的是"摸着石头过河"。"摸着石头过河"是有问题就着手解决问题，强调务实有效，在业务方面表现出商业质感，体现出魄力；在管理方面表现为管理智慧，体现为经验。"摸着石头过河"是一种探索精神，这种精神成就了一批敢闯敢拼的企业家，"摸着石头过河"靠的是企业家的胆识、魄力和商业质感，而顶层设计靠的是企业家的谋划能力、布局能力和系统思考能力。随着需求复杂、竞争加剧，供需逆转、增速放缓等外部因素影响，企业生存环境已经进入深水区，"摸着石头过河"风险重重，过去依靠招式制胜的时代已经一去不复返了。要想打开局面，持续成功，企业就要依靠顶层设计进行系统作战，具备顶层设计能力的企业经营团队将会获得更多的先机和持续的发展动力。

我们说的顶层设计应站在企业内外部环境的角度来思考企业经营，而不是站在企业家的角度来思考企业，两者有着本质的区别。顶层设计包含企业家、方法论和核心团队三个核心支点，缺一不可，而不仅仅是方法论层面的思考。

一、顶层设计就是赢的道理

顶层设计是企业在特定商业环境下经营制胜的内在逻辑，简而言之，就是赢的道理。杰克·韦尔奇在《商业的本质》中明确提出"增长是王道"，顶层设计脱离增长就仅是概念了。在互联网时代，时髦的术语如雨后春笋，然而，对于企业经营来说，我们并不需要时髦的术语，而是需要解决问题的新思路。顶层设计就是要融合互联网因素，以系统思维和设计思维来探寻企业成功的密码。系统思维就是将企业放在特定环境下思考企业经营的方方面面，而设计思维就是如何将各个孤立的不可用的单元整合为一个可用的整体的思维模式。

在进行顶层设计之前，我们有几个基本的假设前提：**第一，我们难以预测外部世界，唯有高效快捷地进行响应；第二，无所谓成功，只有成长，宣称成功的企业随时可能被颠覆和淘汰；第三，任何人都是"有限理性"的，顶层设计是一个动态优化过程；第四，趋势从产品稀缺向客户稀缺转变，供求关系逆转是基本前提，主导权在于客户，而非企业。**

因此，在互联网时代谈顶层设计，注定是一个连续动态的决策过程，是对商业生态和价值创造系统的全面谋划和系统布局，最终实现企业的战略性增长。要知道，根据对未来 5 年的预测来制订战略系统规划的做法，已经跟不上这个多变模糊的时代。**当然，顶层设计的成败或者说正确与否，需要通过经营的主动权、竞争的主导权、生态的话语权和产品的定价权四个方面予以验证。**经营的主动权表现在企业拥有更大的自主权，而不是被竞争对手和客户牵着鼻子走，在被动响应中消耗企业的发展能力；竞争主导权表现为企业具有更为灵活的竞争策略，在企业选定的细分市场中具有竞争优势和核心竞争力；生态话语权指企业要不就是整个生态系统的整合者，要不就是整个生态系统的参与者，无论是整合者还是参与者都要有清晰的定位和独特的价值，而不是在商业生态系统中作为一个补充，或者找不到自己的存在价值；产品定价权，这是企业顶层设计成败的终极表现，尽管竞争对手降价不断，企业依然可以通过合理的价格获得相对丰厚的利润，在高价值的基础上，享有更大弹性的定价权。

从商业模式开始谋划

2008 年前后，人们对于商业模式的认识存在着较大的差异。2008年之前，商业模式更多是被当作一种工具，是先有企业的商业本能，然后外界用商业模式剖析与研究它，"摸着石头过河"是此前商业界普遍的做法。2008 年的金融危机以后，外部市场变得模糊动荡，企业经营进入了深水区，企业家们已经开始有意识地用商业模式的思维设计自己的经营，重塑核心竞争力，"顶层设计"逐渐崭露头角。

商业模式是什么

现在，"商业模式"成为企业家和职业经理人的常用语，尤其对于在互联网时代的创业企业，说清楚商业模式是获得资本市场认可的基本要求。然而，由于管理学界到目前为止也没有对商业模式给出一个准确的定义，对于商业模式的理解，不同行业、不同企业和不同职业的人存在较大的区别，有人把商业模式理解成盈利模式（赚钱套路），如免费模式、长尾模式等；有人把商业模式理解成运营模式（供销关系），如O2O模式、平台模式、内容＋工具＋社群模式等。这些观点很新颖，但也很容易造成理解方向偏颇，因此有必要在此做个澄清，提出我对商业模式的理解。

商业模式是价值创造的核心逻辑，以客户需求和价值创造为中心，所构建的资源整合与交付体系的策略结构化组合。无论你用的是什么模式，给自己什么样的定位，终极裁判只有一个，那就是客户，模式设计和模式创新就是要将主动权交给客户，通过价值提供和信息公开来获取优势。

商业模式着眼的不再是企业个体，而是商业生态系统，不再是某个企业或者行业，而是整个价值创造系统。换句话说，**整个价值创造系统的策略结构就是商业模式**。正如彼得·德鲁克（Peter F. Drucker）所言："当今企业之间的竞争，不是产品之间的竞争，而是商业模式之间的竞争。"把商业模式说清楚，就能够很清楚地知道某个企业在其中的价值定位，即企业在这个价值创造系统中的角色和起到的作用。

商业模式是企业内外部达成共识的一套商业逻辑，是价值创造系统的整体布局。商业模式是对商业生态系统中各种力量的重新构建，可以描绘出价值创造的图景和各个成员的自画像，这个图景包括为谁创造价值、如何创造价值、如何获得回报、回报如何分配等。通过商业模式陈述，我们可以知道商业生态系统中各个利益相关方之间的商业关系和角色，是主导者、整合者还是响应者与被整合者，这决定了价值创造的重要性和获利能力的大小。

商业模式是一套方法论体系，是企业顶层设计实现的关键，是企业战略设计的前提和基础。如顶层设计章节所描述的那样，**顶层设计包含三大支点，分别是高瞻远瞩的企业家、行之有效的方法论和强而有力的核心团队**。其中，行之有效的方法论包括商业模式、企业战略、组织运营和管理模式以及企业文化等，商业模式为企业战略提供输入，明确竞争优势获取的方向。

企业运营无非就是结构和节奏的对立统一关系，企业要想成功，必须在正确的结构中把握好运营的节奏，商业模式就是企业运营的结构性要求，战略更多是围绕商业模式的节奏性安排，可以说，商业模式决定了企业战略和运营系统的有效性和合理性，决定企业的成败。因此，企业家思考战略转型升级时必先在商业模式上做足文章，前提是要读懂商业生态、大胆创新。**创新是商业模式永恒的主题，而不是模仿和抄袭。**企业要想脱颖而出，必须有所创新，通过创新商业模式获得更大的生存空间，呼吸更新鲜的空气。成功的企业必定是创新的企业，成功的案例比比皆是，如小米、红领、尚品宅配、通用电气、华为等。

如何检验商业模式是否具有创新性和独特性呢？**商业模式创新性主要体现在价值和效率两个方面，即商业模式是否具备创造出独特的客户价值或者是以更高的效率创造客户价值两个方面。**商业模式是在特定的商业环境下思考，创新不是天马行空，而是要具有一定的前瞻性和可行性，领先对手半步即可。

商业模式设计五步法

商业模式是一个非常大的课题，用一本书来描述也不为过，但是由于篇幅有限，在这里重点讲解一下商业模式设计的基本要点。商业模式设计首先要理解商业模式的构成要素，不同专家学者的理解是有区别的。哈佛商学院教授克莱顿·克里斯坦森（Clayton M. Christensen）认为商业模式包含四个环节：客户价值主张、盈利模式、关键资源和关键流程。瑞士管理学家亚历山大·奥斯特瓦德（Alexander Osterwalder）和比利时管理学家伊夫·皮尼厄（Yves Pigneur）提出，商业模式设计要从客户细分、价值主张、渠道通路、客户关系、收入来源、核心资源、关键业务、重要合作和成本结构等九个方面着手。日本管理学教授山谷宏治认为，商业模式包含利益相关者、总价值、收益流和价值网络四个方面。结合前文中对于商业模式的定义，我把商业模式设计按照"客户价值—价值创造—价值分配"的逻辑，分为三个层次五个维度来描述，在此做出精要概括，如图3-1所示。

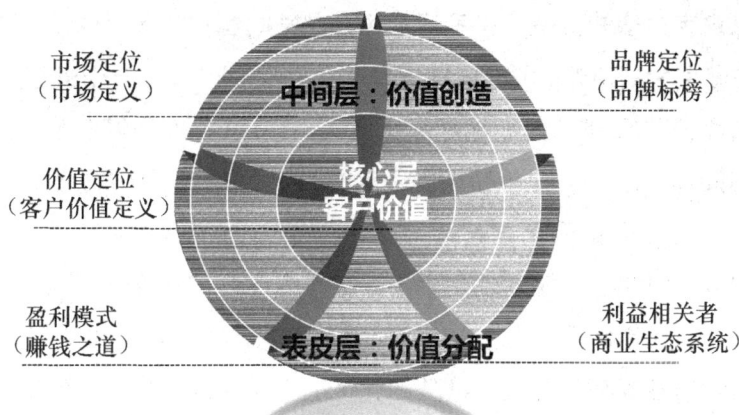

图 3-1　商业模式的"三层五维"，模型图

① 核心层：客户价值

客户价值作为核心层，就是要通过清晰定义客户需求，并围绕客户需求提出商业模式要创造的独特价值。简单说，客户价值就是商机！

要点 1：价值定位（客户价值定义）

客户价值定义是要旗帜鲜明地提出商业模式给目标客户带来的独特价值，也就说，通过商业模式革新解决了哪些痛点，即解决哪些目前解决不了的问题或以更好的方式解决了目前的问题。例如，支付宝让交易更安全，滴滴打车让出行更方便，汇川技术在电梯上提出的驱动与控制一体化设备，提供系统化解决方案而不是简单地提供设备，在支撑产品安全性能的基础上，让客户采购成本和维修成本更低。

我的一个客户是生产电表的企业，从 2015 年开始对企业的价值提供重新定位，价值定位不再是向客户提供优质的电表，而是要向客户提供电能优化系统解决方案，为客户降低电力使用成本。在资本市场的帮助下，企业打破了原有价值链的束缚，逐步构建面向能耗持续降低的生态系统和系统化解决方案，这个生态系统将互联网企业、机床企业、生产设备企业、电表生产企业等纳入解决方案的整体框架，建立起跨行业的虚拟联盟。

商业模式的革新不在于竞争而是价值创造，这里需要切记一点，客

户价值是客户感知价值，而不是企业自定义的客户价值，这两者之间往往存在着巨大的鸿沟。曾经有公司做过的一个调查显示，CEO 们认为为顾客创造了 80% 的价值，顾客只认同其中的 8%；而顾客在第一次做出购买决策时，有 64% 是取决于所征询的其他人的意见或购买数据。定义增长要从定义需求开始，脱离了需求的"客户价值"不是真正意义上的客户价值，因此，价值定位一定要围绕着客户需求来展开，是提供更优质的产品、更高水平的服务、还是更专业的解决方案，帮助客户解决了哪些具体问题等都是必须说清楚的，这也就需要深入研究、解读客户的真正需求是什么。

② 中间层：价值创造

价值创造作为中间层，要说清楚价值创造的方向和目标，为战略提供明确的输入，简单来说，就是通过市场定位和品牌定位，明确关键成功要素，找到竞争优势的发力点。

要点 2：市场定位（市场定义）

即企业的价值提供是面向哪个市场、哪个客户群体的，无论是大众化产品还是小众化产品，这个问题都是无法回避的。雷军进入手机市场时，客户定位在囊中羞涩的"技术宅"，很快点燃第一把火，"专注、极致、口碑、快"的理念就是从这个定位发起，其构建的商业模式的特点就是快，产品迭代速度要快。汇川技术作为国内工控行业的领军企业，将目标客户定位于高端客户，因此大张旗鼓地提出"做国外品牌的替代者"的战略定位，其构建的商业模式的特点就是要具有超越国外竞争对手的价值提供，提供系统化解决方案。

亨利·福特（Henry Ford）就将汽车定义为大众消费品，而不是某些富人的玩物。在 20 世纪初，亨利·福特进入汽车行业之前，汽车的售价超过 3000 美元，是当时家庭年收入的 4 倍，这种定位让亨利·福特最终于 1908 年研制出 T 型车，通过"纵向一体化"的商业模式，通过对影响产品成本的各个环节进行科学管理，大幅度提升效率，降低汽车的价格，到

1925 年，T 型车的价格已经降低至 260 美元，仅为当时家庭年收入的 1/8 左右，前后相差 32 倍，足以看出市场定位带来的结果差异。而通用汽车的艾尔弗雷德·斯隆（Alfred Prit Sloan，Jr），将汽车定位为时尚产品，而不是生活必需品，年年出新，快速淘汰，一举打破了福特 T 型车近 20 年的行业统治地位。

要点 3：品牌定位（品牌标榜）

与市场定位相对应的就是品牌定位，品牌定位可以分为高、中、低端品牌，不同的品牌定位，对于商业模式的要求是不同的，对于身处其中的企业要求也有着巨大的差别。以工业品行业为例，对高端品牌来说，客户对于解决方案的诉求远远大于对于产品的诉求，为客户提供超值服务会更受欢迎，商业生态系统中需要多专业，甚至是跨行业的协同协作。对中端品牌来说，客户对于产品的技术水平和品质要求较高，商业模式中产业价值链的各个环节的水平和协同能力非常重要。而对于低端品牌来说，产品的价格是主要的，在产品质量满足要求的前提下，价格越低越好，商业模式的核心就是价格管控。

因此，总体来说，**对工业品行业中的低端品牌来说，价值主要体现在性价比上，价格是主要参考因素；对于中端品牌，价值主要体现在运营支撑上，服务支撑能力是主要参考因素；对于高端品牌，价值主要体现在绩效增值上，解决方案有效性是主要参考因素。**

③ 表皮层：价值分配

价值分配作为表皮层，是最外面的一层，是生态系统中利益相关方获得价值回报的分配，感知最明显，感觉最强烈，在商言商，说得最多的也是利益的分配分享机制。

要点 4：盈利模式（赚钱之道）

企业是盈利性质的，价值创造系统由多个企业组成，也必然是盈利性的。不赚钱的商业模式就是在"耍流氓"。不过赚钱的形式和方式多样，经典的盈利模式有"刀片—刀架模式""逆刀片—刀架模式""免费—收费模式""流量计费模式"和"线上线下模式"等，盈利模式就是要说清楚企业是以什么方式赚哪些钱。

"刀片—刀架模式"是吉利公司的伟大创举，简单来说，就是以低廉的价格出售主体产品，再通过耗材和服务获取长期收益。采用这种盈利模式的公司非常多，如惠普的打印机业务、柯达的相机业务、任天堂的游戏机业务、小米盒子业务等。

与"刀片—刀架模型"相对应的是"逆刀片—刀架模式"，典型代表就是苹果手机和亚马逊的阅读器，苹果智能手机很贵，但是软件应用很方便也很便宜。亚马逊的kindle阅读器价格不菲，但是其提供的海量书籍方便便宜。

"免费—收费模式"作为一种盈利模式，其首创应该可以算是360软件，其实互联网早期的网站都是属于这种模式，主要通过免费集客，然后收费获利。"免费—收费模式"非常灵活，在爱奇艺、乐视等视频网站点播，如果消费者不想看广告，可以付费取消广告，想免费就不得不看广告，对于后一种情况网站会向厂家收费，很灵活。

"流量计费模式"本质上是一种租赁模式，使用者根据使用情况付费，算是施乐公司的首创，施乐公司在1959年开发出来的914复印机，面对复印机厂家普遍采用的"刀片—刀架模式"，施乐公司构想出一套租赁方案，按照使用复印纸的张数收费，继而颠覆了整个行业，也让施乐公司从复印机制造销售企业，成功转型成为复印业务的服务性企业。

"线上线下模式"又称O2O模式，简单来说，就是线下体验、线上付费或者线上交易、线下物流等模式，根据不同业务类型，线上线下的盈利方式也在不断改变。

不管盈利模式如何创新，价值创造系统必须能够生生不息，通过输出价值获得回报，实现持续成长。哪些业务可以不赚钱，哪些业务必须赚钱，哪些产品走量，哪些产品获利，这些都要考虑清楚。美国连锁卖场COSTCO（好市多）将自己定义为会员的采购中介，通过为会员提供最优质的采购建议，让会员获得实惠，然后收取固定的会费获利，而不是销售商品获利。总之，商业模式设计必须找到自己独特的生财之道。

要点5：利益相关者（商业生态系统）

商业模式告诉企业"你不是一个人在战斗"，而是需要有一个客户立场、企业视角和生态思维，各个相关方都要有价值回报，客户获益、企业获利和生态成长才是最佳状态，成就别人，方能成就自己。要知道，在现如今的商业环境中，当柔性和速度成为制胜关键时，"纵向一体化"的商业模式有极大风险，一个企业的能力和资源是有限的，建立共享共赢的合作体系才是王道，如果只考虑企业自身的盈利，而不考虑相关利益方的盈利，这种商业模式是不长久的，甚至是不成立的。在设计商业模式时，企业应从全局考虑，了解整个生态系统的健康状况，将各个企业在商业生态中的价值和贡献描绘清楚，将各个企业获取多大的回报计算清楚，这样才能把相关方的关系梳理清楚，也只有如此才能将商业模式的相关方组成一个攻防同步的利益共同体。

可以说，不考虑相关方利益的商业模式最终会无路可走，然而，这对于习惯于"自力更生""闷声大发财"的中国企业来说，挑战是巨大的。要以商业生态的主导者角色设计商业模式，必须具备一起发财的大格局，并且始终将共赢作为核心原则，而不仅仅是口号。我在与某位企业家畅谈商业模式时，这位企业家谈及商业模式是通过"互联网＋"，打造共享平台和优化渠道的整体运营效率，说到这些的时候，我佩服这位企业家开放的视野及与时俱进的精神。然而，当谈及平台后期建设及利益分配时，他表示，如果平台做大了，可以用产品贴牌取代某个厂家的产品，对此，我明确表示不同意。这种"过河拆桥"的做法，会让这个看似美妙的商业模式土崩瓦解，原因很简单，一念之间，利益一体关系转变成为利益博弈，切断了上游厂家的利益命脉，后果不堪设想。

当一家企业主导构建商业生态时，其商业模式中的利益诉求也要符合生态系统中成员共同的诉求，否则，这个生态是难以建立起来的。例如，互联网企业试图以颠覆的姿态建立一种全新的商业生态，而实体企业则谋划在现有运营的基础上构建优化的商业生态系统，当两个商业生态不兼容的时候，就会面临弱势一方难以存活的窘境。

顶层设计要与企业成长轨迹同步

恩格斯说过，理论总是灰色的，而实践之树常青。理论总是在探寻原则和原理，而实践更加务实，寻找的是解决问题的方式和方法，理论和实践最好的结合点在于方向。这种方向对于不同企业的不同发展阶段是存在差别的，因此，在进行顶层设计时，企业非常有必要认清自我的发展阶段。

小型企业

小型企业如何活下来是企业的主要问题，项目思维是小型企业的主导思维模式，"创新＋试点"的做法是最佳选择。小型企业大多是初创型企业，商业模式还处于构想和雏形阶段，运营体系尚不成熟，组织架构也不完善，更多的是依靠创业团队的激情来支撑。如何抓住机会，以点滴的胜利来获得企业前行的动力，是企业经营的关键命题，企业家的眼光和智慧对于小型企业至关重要。

小型企业由于资源匮乏和能力薄弱，往往不具备打造强势产品和进行强势品牌推广的重资金投入能力，难以拥有与强大的竞争对手在正面战场上厮杀的能力和实力。另外，小型企业的抗风险能力也很弱，如果把握不好任何一个机会，则会变成陷阱。因此，企业应当把眼光聚焦在局部市场和局部领域，通过主动细分，选定目标市场，单点切入，以项目化运作来定向地为客户解决问题，在局部市场或局部应用领域上获得比较优势，继而通过发育关键职能来逐步打开局面。以汇川技术为例，汇川技术创业初期，在没有品牌、资金匮乏、人员有限等情况下，选择局部市场进行针对性开发，找到了一条"技术营销＋服务营销"的独特营销模式，然后再将成熟的营销模式进行全国复制和多行业复制，向五大事业集群、60多条行业线、近 400 亿元市值的工控领军企业方向迈出了坚实的第一步。

对于小型企业来说，先打粮食，才能养活团队。企业的核心任务是纵向挺进，而不是横向铺开，在夹缝中探寻阳光雨露，打造和锻炼核心团队，完善项目型管理机制，通过瞬时竞争优势，而非可持续竞争优势，获得生存和发展空间。

中型企业

中型企业如何有质量地活下来是企业的主要问题，产品思维是中型企业的主导思维模式，"体系 + 模式"的做法是最佳选择。企业已经挺过了初创期的生存窘境，有了一定的资金积累和客户储备，进入相对平稳的温饱阶段，抗风险能力有所提高。在小型企业阶段的细分市场容量有限，越来越难以满足企业发展的需要，人才需要成长空间，业绩也不能停滞不前，因此，这个阶段的企业面对市场机会，将成长初期所积淀的优秀做法进行模式化，在新市场和新产品上有所选择地进行试错，采取主动出击。

在小型企业阶段，企业没有成型的产品，客户需要什么就做什么，整合什么。到了中型企业阶段，企业已经具备一定的技术储备，有了自己的产品体系，可以通过产品和市场双驱动模式，在现有的客户中做深做透，以服务深化合作，巩固利基；同时，利用手中的产品，寻找新市场。

中型企业的组织和管理也要随之发生变化，要从单兵作战向多兵种联合转变，从游击队突击向正规军推进转变；企业运营要有一套成熟的套路和打法，产品开发体系、市场开发策略、营销模式、组织架构以及管理制度等要逐步完善和持续优化；对于试错过程中的浪费和风险点要采取积极的管控态度。华为公司在 20 世纪 90 年代后期大量引进咨询机构进行管理提升，如 IBM 的 IPD(Integrated Product Development, 集成产品开发)产品开发体系、海氏人力资源管理体系以及《华为基本法》等，其实都是面向中型企业这一特定成长阶段需求而产生的。

大型企业

发展是大型企业的主要问题，平台思维是大型企业主导思维模式，"平台＋团队"的做法是最佳选择。企业发展到大型企业阶段，企业就像一个八爪鱼，多区域、多产品线运作，多元化是这个阶段企业的典型特点。

在大型企业阶段，企业所面临的风险已经不是小型企业的点风险和中型企业的线风险，而是系统风险，企业更多应该考虑如何实现业务的多线协作，促进资源共享，通过强化组织效率来实现业务的纵横融合。这个阶段的企业，从业务问题向组织与管理问题转变，主要问题是如何激活业务。要知道在大型企业阶段，客户需求往往超越了企业自身的能力范畴，用开放吸引外部资源，有效地实现组织前后台对接才是关键。

企业总部要成为一个平台，从管控中心向战略规划中心、管理支撑中心、专业服务中心和整合协同中心转变。"大平台＋小团队"模式，是大型企业转型中平台思想的集中体现，辅助部门是否强大成为这一组织转型成败的关键，尤其是人力资源管理和知识管理方面。

超大型企业

创新是超大型企业的主要问题，生态思维是超大型企业主导思维模式，"生态系统＋虚拟联盟"的做法是最佳选择。**超大型企业如同一个多舰种组合的航母战斗群，企业如何既具备大集团的规模优势，又能够像小企业那样贴近客户且灵活多变，这是个巨大的挑战，这正是海尔这样一个2000亿元级产值规模企业最为困惑的事情。**海尔集团正在探寻的"倒三角""小微组织""人单合一"等，正是这一超大型企业试图贴近市场的选择方式。

同样困惑的还有联想，2016年起，联想提出"设备＋云"战略，这个战略强调，联想不再是单纯出售PC、手机和服务器的硬件公司，而要转型成为一家为用户提供整合了设备、应用和服务一系列解决方案的公司，联想集团要打破延续14年之久的两级研发体系，除了既有的联想研究院和生产线研发体系之外，还要投资外部技术实现内外联动。对于联想集团来说，从硬向软硬结合转型能否成功，只有时间能够告诉我们答案，但是我们可以肯定的一点就是，这一转型的成败不在技术上，而在商业模式，即能否有效地运作好与新战略相对应的商业模式。

即使强如 IBM（International Business Machine Corporation，国际商业机器公司）那样的超级巨人，在向"云"战略转型的过程中，也要承受业务的巨大颠簸。超大型企业转型的考验是多重的，能否源源不断地创新产品，能否快速响应客户，能否精准地把握客户需求，能否统筹好内外部资源，能否把握好各个细分业务的运作规律等，每一项都不简单。可以说，超大型企业转型，要实现系统响应和灵活应变，是业务问题和管理问题深度互动和协同创新的过程，需要对业务和管理重新审视，如要重新建立客户体验和认知，需要调动的是整个生态系统的能力，对组织内部的运营能力、生态系统驾驭能力和相关方（包含异业、竞争对手等）的合作机制等都是一次极大的考验，但不管如何，都需要企业围绕着客户的需求，将市场的炮火声无衰减地传达到内部，将客户的需求无障碍地传达到各个价值创造单元。在这一核心思想指导下，超大型企业要对如何抛弃过去和走向未来进行一次深刻反思和系统设计。

快速响应能力成为新时代的制胜法宝

《孙子兵法》兵势篇里有句话说"激水之疾，至于漂石者，势也"。翻译成白话文就是，能够让石头飘起来的是水流的速度。没错，在战场上速度是制胜的关键，在商场上，速度同样具有无可估量的价值。在工业时代，企业通过预测未来调节库存，以此来提升企业响应客户需求的速度。然而，由于信息滞后和失真，产业链条各个环节依靠预测来备货，就会产生"牛鞭效应"。"牛鞭效应"让企业在制造端囤积了大量产品，最终造成了产销失衡和结构性过剩的矛盾，市场需要的企业生产不出来，企业生产的市场消化不了。越来越多的企业认识到，未来企业的经营重点不再是预测未来，而是快速响应现在，因为即使在大数据条件下，预测市场也是一件不太靠谱的事情，快速反应远比试图预测市场更重要，低库存水平或者零库存才是更安全的经营策略。

正如思科（Cisco Systems）CEO 钱伯斯（John Chambers）的观点："在网络经济下，大公司不一定打败小公司，但是快的一定会打败慢的。互联网与工业革命的不同点之一是，你不必占有大量资金，哪里有机会，资本就很快会在那里重新组合。速度会转换为市场份额、利润率和经验。成功地应用网络技术使思科成为对市场的反应速度最快的公司。"

企业组织的变革实质上是企业经营理念的变革，在日益复杂和快速变化的商业环境中，组织设计和优化必须保证能够更好地为客户创造价值，将资源聚焦在最能够产生效益的地方。规模已经不再是企业制胜的法宝，速度将成为指引组织优化和资源重组的方向标。

转变思路，从客户角度出发，打造面向客户需求的快速响应能力才是企业经营的关键要害。这里必须说清楚的是，快速响应能力不是简单的某个方面的能力，而是一项系统性能力，可以从以下三个方面理解。

响应水平的三重境界

按照彼得·圣吉（Peter M. Senge）的观点，响应水平分为三重境界：**第一重境界，依据发生的事件状况采取相应的反应行为，属于事后反应；第二重境界，从短期反应中解放出来，观察变化的形态，了解行为模式，顺应变化采取前瞻性的行动，属于事前反应；第三重境界，观察系统结构的脉络，结构性地了解要素之间是如何相互影响和发挥作用的，属于系统性响应。**

我们所说的顶层设计，就是要能够达到响应水平的第三重境界，系统观察和结构分析，做出系统性响应。

响应能力的三道门槛

对企业来说，如何理解响应能力呢？为何说响应能力是系统性能力呢？答案在于，作为一个营利性机构，企业要赚钱，必须有客户付钱，客户为什么付钱，因为客户觉得值，客户觉得值是因为客户认为企业的产品或服务在某些方面满足了他们的需求。从客户的角度来看其实就是如此简单，客户并不关心企业是如何将产品生产出来的，但是非常关心自己的消费体验。想要满足这种消费体验，企业不能只在客户界面上化妆，而是要深入、系统地思考界面背后的事情。企业要做的事情至少包括三个方面。**第一，读懂客户需求**：全球轴承行业领军企业斯凯孚（Sevenska Kullager-Fabriken）将客户需求解读能力作为其三大关键成功要素的第一位，认为如果脱离需求就无价值可言。**第二，制定客户认可的解决方案**：能否以最快的速度完成客户满意的解决方案，这部分的技术含量会越来越高，而不仅仅是营销人员的商务技能，更多会牵涉服务人员的专业技能和经营管理技能。**第三，能否低成本、高品质和高速度地完成客户交付**：完成交付往往是超越企业组织能力范畴的，要对利益相关方乃至商业生态进行深度合作。

可见，响应能力必须迈过这三道门槛。**第一道门槛：读懂客户**。这需要企业不能高高在上，而是要深入客户，对工业品来说，你要深入客户现场，走进客户价值链，了解客户的产品使用情况，了解客户在产品使用过程中的痛点和痒点；对于快消品来说，你要深入走进客户的生活方式，才能给出一个全新的答案，如异业联盟（Horizontal Alliances，各行业、各层次的商业主体之间，为了达到共同的利益而组成的商业联盟）、以产品为核心的解决方案等，而不仅仅是千篇一律的无差异产品。**第二道门槛：制定方案**。以全新的产品或者方式来提供差异化的客户价值，如长安的定制化汽车、红领的定制化正装、沈阳机床的智能化机床I5产品等。**第三道门槛：交付系统**。仅有漂亮的方案不行，还要"多快好省"地完成交付，才能将商业方案变成商业现实，完成投入变现。交付系统是指方案的实现系统，主要指的是商业生态系统。如此理解，商业生态系统不过是价值或者说方案的交付系统而已。

三道门槛之间存在着逻辑递进关系，如果第一道门槛没有通过，第二道和第三道门槛就难以发挥价值，没有准确把握需求，方案就无从谈起，再强大的生态系统都难以发挥出价值。有一家这样的企业，老板受到工业4.0和工业互联网等概念的洗礼，觉得智能制造是未来的方向，于是投入重资用于产线改造，但成功改造出智能产线后却发现企业的产能利用率不足 30%，大量投入的机器人和信息化系统成了摆设。因此，我们会发现，如何读懂客户需求，如何深化与客户互动应当是企业转型升级的第一步。

响应能力的三个层次

如何评价响应能力的高低呢？如果大家都谈响应能力，那么如何保证你的响应能力更强大？对此，可以分为三个层次来评价。

第一个层次，响应速度。客户需求的产品能够以更快的速度生产出来，主要体现在交期上，在很多工业品销售的项目运作中，这个交期的速度在很大程度上影响着项目成败。响应速度表明与合作伙伴的紧密程度，越紧密越高效，响应速度越快。

第二个层次，响应质量。深度挖掘客户需求的层次，深度挖掘客户的隐性需求，需要运作团队具备更为综合的专业能力。这种专业能力不仅体现在技术方面，还有商务方面和管理方面等多个方面的综合，要做的就是要比竞争对手更懂你的客户，如果能够做到，可使竞争对手的降价策略失效。

第三个层次，响应规模。客户需求是波动的，有些时候甚至是不可捉摸的，受到的影响因素也是多方面的，新技术的出现、新政策的颁布、新的地缘关系的变化以及不可预估的例外事件等，都有可能极大地影响客户的需求量，因此规模的柔性和弹性对于企业经营的风险管控来说至关重要。波音公司在面对"9·11事件"的冲击后，依然能够保持稳健发展，正是体现了响应规模下的柔性制造和虚拟联盟的强大能量。

二、顶层设计的"双三角模型"

任正非说过："没有理论突破，小改小革，就是一地鸡毛。"企业要成功转型升级实现华丽转身，需要在理论上有所突破。有人说企业家决定企业成败，有人说商业模式决定企业成败，有人说核心团队决定企业成败，这些都不完全。在研究了小米、华为、汇川技术等优秀企业的成功史后，我们发现了一个共同的规律，那就是它们的成功都有三个必备的核心要素：高瞻远瞩的领导者（企业家）、一套科学有效的方法论和一支能打硬仗的核心团队。在企业顶层设计方面，我们将这三个核心要素称为顶层设计的三个支点，如图 3-2 所示。

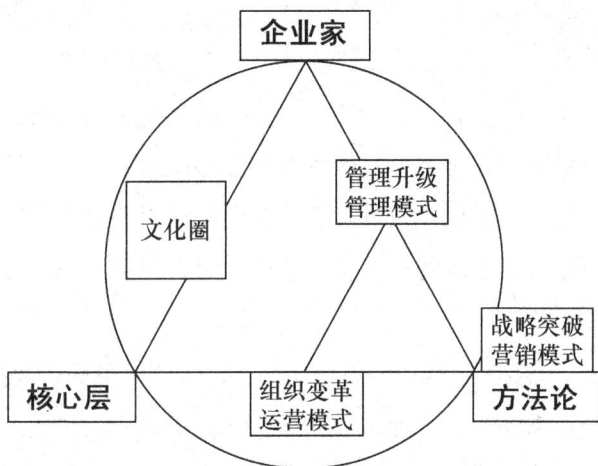

图 3-2 顶层设计的双三角模型

企业家是顶层设计的核心

企业家既是顶层设计的主导者，同时也是顶层设计不可分割的重要组成部分。正如亚里士多德在《形而上学》中所说："一支军队的能率，部分取决于秩序，部分取决于将军，但主要取决于后者，因为将军并不依赖于秩序，而秩序却依赖于将军。"

企业家经营企业的选择，决定了企业家的历史使命和重要性。企业家是要为企业资源配置承担终极责任的特殊人士，在这样一个工业时代和信息时代交汇的历史时期，虚拟和现实正在发生着剧烈的化学反应，机会无穷但又变化莫测，处处是机会也可能处处是陷阱，因此责任更加重大。松下幸之助说，一个企业的兴衰，70% 的责任由企业家负责。德鲁克认为，一个企业只能在企业家的思维空间内成长，一个企业的成长被其经营者所能达到的思维空间所限制。在马歇尔（Alfred Marshall）看来，企业家是"产业这个车轮的轴心"。GE（General Electric Company，美国通用电气公司）的变革成功让我们领略了杰克·韦尔奇（Jack Welch）的超凡才华，IBM 的成功让我们记住了郭士纳（Louis V. Gerstner）的气魄和智慧，华为一次次的超越让我们将任正非的观点奉为圭臬，沃尔玛（Wal-Mart）的奇迹让我们见识了山姆·沃尔顿（Sam Walton）的远见。总之，**企业家对于企业的成败，具有不可替代的系统性影响力**。企业内部的愿景、使命、价值观、组织、流程、人事等都是企业家一手打造，或者按其思想打造出来的，因此，企业家每一个决策都会对组织产生系统性影响力，这种影响往往是长久的、不可逆性的。

正如约翰·科特（John P. Kotter）所言："如果变革涉及整个公司，CEO 就是关键；如果只是一个部门需要变革，该部门的负责人就是关键。"企业家的基因和格局决定了整个企业的商业状态，企业家能否转型升级直接决定了企业转型升级的成败，企业家转型的根源在于其心智模式的改变，是否对政治、经济、技术和社会文化等趋势保持了前瞻性预判，是否具备对客户需求和市场竞争的不确定保持敏锐的洞察力，是否具备结合内外部情况精准抓住企业经营核心命题的决断力，是否具备围绕经营关键要素进行资源整合以解决问题的影响力，是否具备在成败关键环节的号召力。

企业家转型就是需要企业家持续完成自我超越。企业家转型，不仅要求企业家具备"摸着石头过河"的勇气和魄力，还要有顶层设计的系统思考力，具备超越时代的力量和推动时代前行的力量，以超凡的智慧和能力推动企业走出困境。

首先，企业家要明确企业的事业理论，确定企业的存在价值和意义，企业家过去的成功往往并非企业家有多厉害，而更多的是时代的成功，时代变了，就要找到新时代成功的关键，这是所有成功创业者都必须思考的。企业家在思考转型时要实时回到原点，回归经营的本质，以创业者的思维来重新审视自我。

其次，企业家是否发自内心地追求某种理想，并有理有据、绘声绘色地描绘出企业未来的发展方向，激活员工内心成长的火花，促进员工齐心协力，共同实现理想。在国内企业家中，马云这一点是首屈一指的。当然，许多企业家在这方面都是天才级别的，善于描绘愿景，善于经营人心。

再次，企业家要懂得取舍，通过分享建立共赢的生态圈，确保利益相关者获得更好的回报，实现人才聚拢，人心聚合。企业家要从商业生态和商业模式的角度来思考企业经营，关注的焦点不能仅仅限于企业乃至行业，而是要通过整个价值创造系统的努力达成共进退与共成长，这是一个比较大的难题，也是很多企业家必须迈过去的一道槛。很多企业家不是不知道生态的重要性，也不是不知道人才的重要性，而是由于存量思维限制了自身的格局。在原有的蛋糕上切割确实是一种巨大的考验，要知道整合资源容易，聚合难，要将资源整合过来并让资源相互匹配、协同运作，最终发挥出想要的能力。企业家如果仅以一己之私经营企业，往往会把企业越做越小、越做越僵化；但如果建立起增量思维，以增量带动存量，以增量思维做大企业，共享成长的话，又将会是另一番天地，海尔的张瑞敏和华为的任正非可谓这方面的标杆。

最后，企业家还得要有理想家的情怀和实干家的勤劳，即使面对互联网时代诸多的不确定性，在经营方向迷失和经营节奏错乱之时，也能把握趋势，大胆创新。企业家要在企业大政方针上进行系统性构想，在企业关键成功要素上进行结构性把控，在关键瓶颈环节上亲力亲为，有效推进，以动态的运营系统来对抗内外部环境的变化，并愿意为此投入精力和资源，以理想主义的情怀去构思和想象，以务实主义的实干去实现理想，兑现承诺。

方法论是顶层设计的抓手

方法论是企业成功的内在逻辑，也是企业基于自身核心经营命题的系统解决方案。但凡成功的企业，都会有一套完整的套路，并且是一个非常有个性的套路，是根据自己的业务特色打磨、发展出来的。没有一家企业是能够拿着别人的方法论直接套用的，别人的方法论可以学习，但不能生搬硬套。我们发现很多企业家看不清企业经营的很多问题以及如何解决，就请了外来的职业经理人来解决问题，但这些解决方案企业大多消化不了。所以，抱着"我们以前企业如何做"这种想法和做法的职业经理人大多最后都很尴尬，如果不能理解业务背后的逻辑和方法论思维体系，是难以驾驭系统的转型变革的，这一点毫无疑问。所以，外来的管理型人才不仅要知道其过去有哪些成功历史，更要知道如何做才能成功，能说出成功的逻辑，这样的人才才算是真正的变革性人才。

工欲善其事，必先利其器。掌握了正确的方法论，就可以事半功倍，否则很多事情只能停留在感觉阶段。有想法、没章法是很多企业家的问题，只有简单的零散的"招"，没有成组织、成体系的打法，甚至把想法当成战略，把想法当成方法，都是不可取的，结果就是看见、吃到和消化三个环节打不通。例如，某家企业提出的价值观是要以客户为导向，为客户提供价值，但是其供应链体系和运营体系是计划经济时代制造模式主导的体系，企业的价值观和运营模式不匹配，带来的就是产销矛盾问题非常严重，价值观与企业文化冲突，所谓的客户导向最终只能沦为一句口号而已。所以说，企业需要有一整套完整的打法，这套完整的打法就是方法论要说清楚的事情，方法论涉及商业模式与战略突破、运营模式与组织变革、管理模式和机制创新三个方面，并且这三个方面还要浑然一体，形成方法论三角，也称小三角。

雷军将互联网思维与传统手机业务结合，形成了"专注、极致、口碑、快"的小米风格互联网思维，让小米手机在短短三年间呈现出爆发式增长。青岛红领，一家并不擅长做营销的企业，找到了"C2M（Customer to Manufactory，顾客对工厂）+O2O"的商业模式，让其智能制造能力大放异彩，成功在定制正装领域竖起了一杆大旗。汇川企业的创业团队通过摸爬滚打，找到了"技术营销＋服务营销"的营销模式，成了工控行业市值 400 亿元的领军企业。以创新的方法论带领企业走上新高度的企业，还有陕鼓动力、GE、IBM、小松、海尔、特锐德等。

临渊羡鱼，不如退而结网！如何形成独具特色、适合企业自身的方法论呢？这是一个系统思考的过程，在接下来的章节中，我们会承接三大模式的思考，通过战略突破、组织变革和管理升级三个章节的内容陆续展开，一脉相承地讲解企业顶层设计方法论的小三角思考和制定过程。

核心层是顶层设计的支撑

企业经营管理有两大发动机，第一个发动机在市场上，由需求和竞争构成，另一个发动机在企业内部，由企业家所领衔的核心团队构成。核心团队的角色不同于一般员工，他们既是顶层设计的参与设计者，也是顶层设计的贯彻落实者。核心团队是企业支撑执行的关键，也是文化传播的核心火种，核心团队是顶层设计成功的支撑。

一个好汉三个帮，说的就是团队的力量。这个时代，单打独斗已经行不通了，企业要学会抱团取暖，组团打天下。例如，小米的成功离不开创业初期的七位高手，阿里巴巴的成功离不开"十八罗汉"，汇川技术从 0 到 400 亿元也是 19 人创业团队不断生根开花的结果。但凡成功的企业，都是一群人的成功，而非一己之力。

核心团队的角度

第一，核心团队要具备贡献意愿。人要过门，心也要过门，不但要有长远过日子的打算，还要全心投入组织工作的每一天，如果没有贡献就不能有分享，多大的贡献，就应该获得多少分享。

第二，核心团队要具备特殊才能。核心团队聚集起来，是要奋斗的，另外，核心团队成员之间要能够相互补位，只有互补才能更好地互相欣赏，也只有互相欣赏，团队凝聚力和向心力才更强，才能真正发挥出组织的力量，让每个人的力量发挥到极致，做出一个人永远做不成的大事。

第三，核心团队要具备优良品格。如果一个人人品有问题，能力越强带来的后续伤害越大。企业在建立核心团队时，能力是基础要求，有一定弹性，但是人品问题绝对是否决项，没有商量和回旋的余地，对此要能够快刀乱麻、忍痛割爱。

企业家的角度

第一，企业家要有容人的格局。有才华的人必定有个性，企业家要有容纳之心。对不完美的包容，是一种把握大局的能力。如果容不得别人与你不一样，想法跟你不一样，那么，你永远也别想拥有优秀人才。

第二，企业家要有分享的气度。君子爱财，取之有道，企业家要会算大账，不要算小账，要有"以众人之私，成一己之公"的气度，如果在钱财上不懂分享，谈什么格局都是虚的，聚财与聚人要相得益彰，企业家在创业时，不能一味地追求私利、独占利益，要有发起人的姿态和合伙人的心态，不居高临下，也不委屈放低，而是要放平姿态，摆正心态，与优秀人才一起行走天下，共享共赢，消除信任危机，这样才是王道。

第三，企业家要有恢宏的理想。领导力是一种变革的力量，是一种牵引的力量。企业家如果没有激情，就不会有任何伟大的成就，他们心中要有蓝图，并善于描述愿景，方可引领他人，才能"从0到1，从1到N"。在这个过程中，企业家不在乎专业技能，而在乎格局与系统布局，不在于实际操作，而在乎方向与边界把握。

组织发展的角度

第一，核心团队是动态优化的，要动态满足业务发展需要。要有更强的人进入，要有能力不足、动力减退的人退出，当然，进入退出一定要是良性的，是一个择优汰劣的过程，如果相反，那么可能是组织运营体系和经营理念出现了问题。

第二，核心团队要坚如磐石。"铁打的营盘流水的兵"，在一段时间核心团队的成员要具有相对稳定性，且配合密切，通过积淀形成一种积极的组织文化，以文化来管理流水的兵。

第三，核心团队的知识与智慧要不断固化为组织共享知识。将个人、团队的能力转化为组织的能力，让人才的知识与组织的能力之间形成交互关系，最终实现组织的生生不息，人才的持续成长。

企业文化是顶层设计双三角的整体融合

企业文化是顶层设计"双三角模型"的整体融合。企业文化是组织的 DNA，是引导企业成为某种样子的内在逻辑。文化的基因源于企业家，表现在方法论与核心层的方方面面，文化是顶层设计的整体生态与氛围，企业文化是顶层设计的整体融合，源于企业家基因的企业文化最终表现为企业的整体价值观和行为方式，是是非对错的评判标准。企业文化是企业竞争力的重要来源，也是企业整体竞争力的整体性表现。企业文化涉及面非常广，既涉及企业家，又涉及方法论，同时还涉及企业核心层的构建。可以说，企业文化发源于企业家，成长于方法论，在实践中逐渐成熟，最后凝聚在核心层。因此，企业文化与顶层设计双三角的各个支点相辅相成，企业文化是企业顶层设计"双三角"体系的整体融合。

企业文化基因源于企业家人格，而企业家精神与使命又给文化注入原始动力。斯隆在《我在通用汽车的岁月》中提到："他们（企业家）是将自己的性格、天分作为一种主观因素灌输至企业的运营之中，而不是从方法和目标上追求管理的规律。"企业是企业家人为创造出来的一种"生物"，一旦创立出来就按照一定的客观规律在发展，有着自己的追求，这种追求更多的是股东（企业家）追求的集合或者缩影，企业家为企业注入的是企业成长的基因，可以说，企业就是企业家的一个影子。因此，企业家的个人格局对于企业发展和企业文化建设至关重要。在企业创立初期，老板文化很可能是企业文化，此时企业还比较小，企业文化主要体现在老板个人身上，包括其价值观、品格、思维方式、使命感以及知识结构等，这些都体现出一个处于创立初期的企业文化的综合味道。

企业文化形成受到方法论探索的影响，而具有竞争力的企业文化又会促进方法论升级。一方面随着企业的发展，企业的经营、运营和管理同步提升，企业的战略突破、组织变革和管理升级三个方面都离不开企业文化的融合。另一方面，企业经营中形成的运营理念和管理理念，其背后的文化基因又支持着企业的业务模式、运营模式与管理模式的提升。因此，企业文化与顶层设计的小三角方法论也是不可分离的。

企业文化成熟受到核心层成熟的影响，而成熟的企业文化又会促使组织的变革创新。企业文化与核心团队的成长、成熟也是不可分离的，一家企业的成长主要体现其骨干层、经营层、核心决策层的成长和扩张。一家企业是否能快速成长，取决于其核心层是否具有快速、可持续的复制性，这种复制性充分说明了企业文化的力量。企业文化成熟的企业，其核心层具有很强的可快速复制性，能够强有力地支撑业务的发展；反之，企业文化弱的企业，往往企业一扩张，组织就呈撕裂状，导致最后企业经营顾前不顾后，顾上不顾下。企业文化只有建立在组织与体系层面上，才能不断创新，才能保持住组织的持续生命力，在这个过程中，企业文化对于企业核心层的打造所起到的作用是不可低估的。

第四章
核心：企业家转型

企业家是超越资源限制，创造全新局面的人。企业家是企业运营体系的魂，企业的战略、商业模式、组织架构及管理制度、企业文化等都是企业家思维的外化，是企业家选择、平衡与取舍的结果。企业顶层设计牵涉企业上下游、内外部，无疑，企业家是企业顶层设计的内核，这样的系统性变革离不开企业家的深度参与，只有企业家转型，才能实现企业的转型升级。

一、企业家转型的挑战

挑战1：顶天还需立地，跨越内外鸿沟

经营命题是企业运营的核心主线，是企业生存和发展的内在逻辑。经营命题的把握，是企业家有所为与有所不为的战略取舍。

企业家在探寻企业经营命题时，往往会面临着若干苦恼。

第一，在层出不穷的问题前疲于应付而缺乏有效措施，担当救火队

员所耗费的时间和精力远远超出用于规划和布局的时间，日常管理决策更多表现为问题导向，而不是机会导向，忙于处理问题，常见的是老问题尚未处理妥当，新问题又不断冒出来，常常心有余而力不足。

第二，在自成体系又自相矛盾的新概念中迷失前行方向。企业家是学习动力和意愿非常强的一类人，对新概念和新知识充满好奇心，然而，没有深入考虑不同观点、理论的边界和使用范围，难以将理论有效地应用于企业。例如有些听起来很有道理的理论，但是用起来问题多多；学了很多知识，听了很多观点，依然解决了不了问题。换句话说，这些没有实效的理论往往只是化妆品，禁不起风吹雨打。

第三，在互为因果的多重关系中纠缠不清，找不到突破点，如企业业绩增长乏力是营销问题还是研发问题，是人员问题还是机制问题，是战略问题还是战术问题，是能力问题还是动力问题，这些往往是一言难尽的，这使企业家无法抓住关键要点实现突破。

有问题不可怕，重要的是要有对待问题的正确态度和解决问题的能力，解决问题最好的也最容易达成共识的就是成长与发展，正如斯隆在《我在通用汽车的岁月》中所说的那样："成长，或者说努力去成长对企业的健康发展而言至关重要，人为地停止成长只会让企业窒息。"但要建立起发展观并非想象得那么容易，据我观察，面对目前国内诸多传统企业的经营困境，**企业家不是缺乏危机感，而是缺乏应对危机的系统性思考方法**。企业家常常会陷入现有的经营困境和常规的经营逻辑而难以自拔，虽然感知到外部的剧烈变化，却不具备快速迎合时代的能力。过去依靠单点的努力实现业绩增长的方式已经不再奏效了，进入系统制胜时代，面对动态的外部环境，企业家进行体系调动的难度极大且缺乏方法论。**企业家不是缺乏经验，而是依赖经验，缺乏从经验中提取方法论的能力，缺乏知识杂交意识**。这往往会局限于专业思考和行业思考，不能形成更大的产业格局和产业视野。企业家们也深知商业生态的重要性，只不过尚未学会适应这种新的合作方式，合作共赢的基础首先是建立利益共同体，其次才是事业共同体和命运共同体，利益共同体还没有练成，何谈事业共同体和命运共同体。

不可否认，企业家是社会的精英群体，要不聪明过人，要不胆识过人，具备天生的商业嗅觉，对于企业外部变化有着敏锐感知和深刻洞察。然而，很多企业家并不能在外部的洞察和内部组织能力建设之间建立有效联系，两者之间的鸿沟始终是横亘在企业家心头的痛，更何况在当下的互联网时代，在快速动荡的内外部环境下进行经营决策，要对很多没有做过的事情作判断和下注，极大地考验着企业家的商业洞察力和领导力。

在互联网时代，企业家不但要低头拉车，还要抬头看路，更要仰望天空，以全球视角、产业视野和客户角度来审视企业经营的方方面面，以价值创造为原点，立足行业趋势和企业家的个人原动力，构建企业经营管理的方法论体系，促进企业从机会成功向战略成功转变。可以说，目前企业家们将面临一次巨大的考验和全新的挑战。

挑战 2：变革分层分期，把控结构节奏

企业不变革，就会停滞不前、沉沦或者直接被淘汰，然而，变革过程却面临着很多未知的挑战，**转型升级注定是一次跋山涉水的艰难之旅**。转型升级本身是否行进在正确的道路上都是需要时间来验证的，即使是被公认为合理的转型升级，依然面临着来自企业内外部的诸多挑战，这些挑战主要表现在利益体系、能力体系和文化体系方面。

第一个就是利益体系的重新分配。变革意味着要在新的环境下对原有体系重组和重构，也就意味着打破，这种利益重新分配不仅仅是企业内部的利益重新分配，而是整个商业模式所涉及的相关主体的利益重新分配，阻力不仅仅来自企业内部，还有企业外部。对于企业内部来说，变革会导致有人获利而有人损失，甚至不得不离开公司。对于企业外部来说，重新构建的新生态或者融入某个新生态，都将打破原有利益链条之间的平衡，这也是不得不去考虑和重视的，并在节奏上给予必要的管控。

一项变革可以成就很多人，同时也会伤害很多人，理想的、没有伤害的共赢是不存在的。共赢往往是存在于模式之内的主体，而对于旧有体系的许多成员来说，却只有伤害，甚至惨遭淘汰。举个很简单的例子，很多制造型企业迫于生存压力寻求模式创新，积极拥抱互联网，试图进行渠道扁平化，砍掉诸多中间商。传统渠道与互联网渠道博弈，结果就很容易导致原有产品体系销售的稳定性受影响，导致业绩大幅度下滑，这也是很多企业想去"互联网＋"而投鼠忌器的主要原因。许多传统企业基于个体利益考虑，会本能地固守自己的奶酪，传统企业作为一种力量的存在，在设计新模式时，如果运用不好它们，这股势力很容易在你的模式里成为阻力，如何规划和共赢才是你要考虑的。要学会以发展的逻辑把旧有势力带上正轨，那么它们所积蓄的能量会快速释放，形成难以想象的爆发力。

无论如何，变革势在必行。在考虑变革过程利益分配时，能否把握住几个点显得尤为关键，分别是"谁是我们的朋友，谁是我们的敌人""谁代表未来，谁代表历史""如何代表最广大人民的根本利益"等，你的创新模式一定是要基于大趋势才行。

第二个就是能力体系的重新构建。这一点相对于利益的纷争要隐蔽一些，也被很多企业家忽视。**商业模式改变容易，但是组织能力建设不易。**企业变革需要具有牵引性，但是必须量力而为，根据组织能力的状况做出合理的安排，不可贪多求大，求新逐快。例如，某企业试图从制造型企业向面向客户做系统解决方案服务商转型，这些看起来很好的想法，真正落实起来难度巨大。制造型企业优势在于产品的制造工艺和品质保障能力，核心是企业的制造能力，而服务商，尤其是做系统解决方案的服务商，对客户需求的把握能力、解决方案的制定能力和商业生态系统的整合能力等才是其核心能力，企业从经营产品向经营客户转变，这一转变对原有体系人员，尤其是研发体系、营销体系和战略体系提出了全新要求，要求研发人员具备商务人员的思维模式，学会按照客户的需求来设计和研发产品，而不仅仅是局限于专业技能，营销人员要在具备商务技能基础上，提升专业技术和管理技术，要对客户的潜在问题进行深度挖掘，从营销人员向顾问人员转型，战略制定人员不仅要按照传统的战略思维，从上至下、从下至上地思考问题，还需要有从外向内、从内向外的思考市场机会和组织能力。

越是边界范畴大的变革，对于组织能力的要求越多。但是，人员能力转型是个相对比较长的过程，如果简单地从外部引进人才，往往只能提高点效率，很难通过大批量的引进"外援"，试图通过"外援"实现系统效率的提升。原因很简单，这过程中有能力验证过程、文化融合过程、利益平衡过程等难点，很多时候不但解决不了系统问题，甚至会使系统建设得支离破碎。

第三个就是文化体系的重新塑造，变革是经营重塑，也是经营理念和企业基因的再造。在企业"转基因"的过程中，文化必然要发生改变，改变以往的行为方式和思维方式。企业转型的本质是"人的转型"，如果人的思维意识没有发生变化，行为难以发生根本性改变，即使通过高压政策导致行为改变了，由于意识形态上没有接受，行为的改变也很容易反水。如在很多企业中习惯了纵向汇报，在横向协同中如果遇到老问题就会约定俗成地按照流程行事，所以问题不大，一旦涉及变化和调整，沟通过程就会变得很麻烦。很多企业强调横向协同、市场导向、价值导向、客户导向等，但是一旦到了执行层面，问题就来了，为什么呢？文化使然，很多人在固有的行为方式和思维方式指导下，不习惯动态地根据市场快速做出反应，而习惯于汇报请示，习惯于按领导意思办事，习惯于沉溺于过去成功的经验，习惯于在自己的小团体中活动，但这必将导致企业价值观流于形式。

推动变革是企业家不可推卸的责任，也是企业家领导力的重要体现，要保障变革的成功，必须有效管控变革过程中的阻力。上述三种力量在企业变革过程中都会存在，只不过表现形式不同，利益在表皮上，能力在肉里，而文化却在骨子里。因此，企业家在思考变革和把控变革风险中，一定要有积小胜以致大胜，在关键环节又要快刀斩乱麻地解决，这时要看具体情况。总之，**变革过程中，变革的力度、角度、深度和广度都要把握得当，主题明确，策略灵活，过程可控，方可得出一个满意的结果。**

挑战3：实现自我超越，引导组织成长

当组织发展带来的复杂度逐渐超越个人能力时，依靠某个人决策就会存在巨大的风险。任何人，包括企业家本人都是"有限理性"的个体，无论你有多理性，都是有限的，这与能力、经历、阅历等有着直接的关系。所谓的复杂，不过是超越能力后的一种客观存在而已。应对这种复杂性，是组织与问题的角力和比拼，需要企业家在角色、思维和能力上全面实现转型，引领企业走向成功。

组织复杂度是由竞争复杂度和需求复杂度决定的，外部决定内部始终是企业经营思考的基本点，而应对这种复杂度，依靠的是企业家的个人成长力和组织成长力。然而，组织成长力又是在企业家个人成长力的思维框架下来定义的。因此，企业家的个人成长力是决定组织能否有效应对环境变化的关键所在。

企业家个人成长力源自企业家的不断自我超越，这种自我超越对企业家本人也是巨大挑战，这些挑战主要集中在以下三个方面。

首先，自我超越是一个过程。改变企业家的只有两股力量，自身和市场。企业家的自我超越伴随着业务模式转型的推进和对业务模式理解的深入而逐渐发生改变，因此，企业家的自我超越和转型也是一个渐进、渐变的过程，而不是一次性的。即使如任正非这样的企业家，在提出"听到炮火的人来决策"这样观点时，也是经历了EMT（Executive Management Team，经营高管团队）的反对和对北非市场的深入考察后，才最终确立下来的，期间差点就落入优化流程、精简机构的旧套路里。另外，内外部环境是否给予企业家这个自我超越的时间和空间，是企业家在面临进行自我超越和自我转型时必须思考和面对的问题。

其次，自我超越是持续蜕变。自我超越是从个人智慧向群体智慧的进化，从企业家的企业向企业的企业家转变。企业家习惯了在企业内部呼风唤雨。一下子转变成组织的一个单元，融入组织去思考问题，可能

会带来诸多的不适应，这是企业家必须面对的。企业家应更多站在市场和客户的角度来思考企业，在战略决策上能够"众谋独断"，在管理上能够"群策群力"，敢于并善于借助外力。

最后，自我超越是不断学习。对企业家来说，学习至关重要，但学习并不是目的，带领企业不断成长才是。我们会发现，当一个企业家停止学习、自以为是的时候，也就是一个企业即将停滞不前、走向衰败之时。在商场上，即使存在优势也是暂时的，以战术上的勤奋来掩盖战略上的懒惰，在老路上舒服过日子，路只会越走越窄，直至走入困境。没有夕阳的行业，只有夕阳的企业，没有传统的企业，只有传统的思维，如果说企业家智慧是企业发展的永动机，那么学习就是给企业家加油，使他保持活力。当然，学习的方式方法有很多种，要学会从过去的失败中找到教训，在过去的成功中找到原因，学会从自身的历史中纵向学习，学会从相关行业成功的经验中横向学习，在纵横学习中建立属于自己的理论体系。企业家要从规律和方法论中持续提炼，学会驾驭方法论，成为思想的驾驭者，而不是工具的使用者，成为方法的创新者，而不是经验的捍卫者。**建立体系不是一朝一夕可以完成的，成长也是一个艰苦卓绝的过程，是不断跌倒不断爬起的过程，学习是一个不断修正已知、自以为非的过程，绝不容易。**

二、企业家的角色转型

从业务精英向精神领袖转变

当企业规模小的时候，企业家身先士卒、事必躬亲，没问题，甚至是非常有必要的。很多企业家在企业内部是业务好手，不是技术专家就是业务能手，总有自己独特的技术，这也养成了很多企业家喜欢自己插手来做事情，"叫嚣乎东西，隳突乎南北"，成为企业内部活跃的、也是最强势的业务精英。但这很容易造成企业内部是大树底下不长草，企业家不管对情况了解多少，凭着自己的理解和经验，随性拍板的做法，让下属无所适从，最终形成了管理权倒挂，有事找管理者，管理者成了做事的，员工反倒成了管理者，很多管理者还乐在其中，到有一天什么事情或项目出了问题，那也只能是管理者来扛雷，谁让当初管理者自己做的决策，并亲自参与部分运作的呢？

当企业规模大了，企业家没有那么多精力，也不具备那么大的能力去做那么多事情之前，**最好的选择是放开手，让专业的人做专业的事情，让专业的人尽心尽力地做事**，可能比你自己动手要强很多。要做到这样，企业家就不再要求成为业务精英，而是要成为精神领袖，成为员工的导师和教练。所谓"精神领袖"，就是以领袖的风采，通过精神的鼓舞和引领推动事业向前发展。正如《战争论》中那句名言："要在茫茫的黑暗中，发出生命的微光，带领队伍走向胜利！"如今，面对外部市场动荡模糊时，面对多元文化和多重诉求的全新人才体系时，面对网络化的组织体系时，面对大量固定和不固定工作人员协同工作时，我们更需要精神领袖这盏明灯的指引。

要求精神领袖在理解人的内在需求和人性的善恶之间，通过精神引领和价值观契合，呼唤出人性的光辉和组织的活力。精神领袖是领导人身上多重素质的综合体现，他们冷静、诚信、豪气、有魄力和充满正能量等。如果企业家在关键事情上能够爆发力量，在员工幸福投入上用心用力，那么将会形成一种无形的强大的人性感召力。

从突击队长向设计大师转变

苏宁董事长张近东曾说过："伴随着业务的发展，个人角色从一线经营参与者转向战略制定者，更多精力放在经营决策的把握以及整体战略方向的制定上。"这种觉醒是企业经营的必要，也是企业业务发展的福祉。企业家要适时从冲锋一线的突击队长向企业经营体系的设计师转变，制定大战略，把握大方向，发挥组织系统的力量，而不是依靠企业家个人超强的单兵作战能力来支撑企业。

成为企业经营体系的设计师对企业家的挑战要远远大于在他所擅长的领域成为业务精英。企业经营体系的重新设计不亚于在老城区上建新城区的难度，是要对原有体系的重新规划和布局，是企业经营理念的重新调整，是企业的"二次创业"，在原有不规范的运作套路中找到新的战法的过程，这里面会牵涉很多方面的内容，如治理模式、商业模式、运营模式和管理模式。在这里，对这几个概念进行简单介绍。

治理模式是权和钱的问题，商业模式是利益相关方关系布局的问题，运营模式核心是处理供销关系，管理模式是处理组织活力。可以说，每一个方面都极具挑战，需要企业家具有智慧、格局，还要有跨专业、跨学科的理解力，其中最为重要的是对于人的理解。**企业家要像咨询专家那样能够一针见血地揭示企业经营的本质，像设计师那样能够将各个部分有机组合成为一个完美的整体，还要像社会科学家一样了解人读懂人。**这些都要求企业家既要具备极强的实战经验，还要具备超越实战经验的概括能力和提炼能力，具备源于实践而高于实践的概念能力和系统思考能力。这听起来似乎很困难，但要全面驾驭体系，能够让组织体系有效且有序运营，这些能力是必需的。如果不完全具备这些能力，可以通过借助外脑，将外部知识快速内化，以便成为企业家自身的素养。

从突击队长向设计大师的转变过程，也是知识体系丰富和完善的过程，对于业务出身的企业家，要"穿上知识的马甲"；对于技术出身的企业家，不能不食人间烟火。要做一个更丰富更饱满，既有高度又接地气的企业家，大谈人生理想却又能落地实施，实现内部运营有条不紊。

从荒野猎人向良田农夫转变

从生存期摸爬滚打走出来的企业家，靠着强大的成长欲望、人生理想和敬业精神，往往更容易成长为职业杀手和超级猎人，而且个人的射杀能力在企业内部往往是无人能及的。然而，当企业发展到一定阶段，会出现典型的企业家封顶现象，企业家个人精力有限的问题显现出来，个人能力难以支撑企业继续发展，企业经营出现业绩徘徊或者业绩倒退。这时候，企业家们会发现自己是一个"战斗鸡"，是员工崇拜而不能企及的巨人，而不是一个"老母鸡"，不擅长孵化和培养组织人才，无法将自己的经验系统化和可复制化，组织变得越来越依赖企业家个人。大多数企业家都是一群梦想家，是不甘寂寞、不甘平庸之人，个人的成功带来的愉悦感会越来越少，更多是组织的依赖感让企业家本人越来越累，越来越难以分心做更大的规划，进行更深入的学习，业务散点分布而无规律，管理混乱而无秩序，企业家最终被业务问题和管理问题所拖累，陷入无尽的痛苦深渊。

要想摆脱这种无形的"枷锁"，企业家就要从荒野猎人向良田农夫转型，从打猎向种庄稼转变，通过持续的培育，获得稳定而愉快的生活。在清楚企业经营的整体结构和战略方向的前提下，企业家要在节奏上下功夫，知道在什么时间该做什么事情，在什么环节出现，在何时施肥，避免那些不必要的风险等。完成这一转变，企业家要有野心，更要有耐心和恒心。

从草莽英雄向盛世诗人转变

"红军不怕远征难，万水千山只等闲。五岭逶迤腾细浪，乌蒙磅礴走泥丸。"出自毛泽东作品《七律·长征》，诗句是何等霸气，何等怡然。毛泽东将长征途中将士那种不畏艰难的豪气，赋予了完全不同的格调，鼓舞将士继续征战的士气，也激发了将士们征服困难的自信，感召行者，感染听者，把一种精神塑造为民族精神，这就是领袖所拥有的大格局和大气魄。

企业家的成长历程从来都不是岁月静好的，而是在激荡的大环境中，摸爬滚打、敢拼敢打走出来的。这些企业家大多是草莽出身，草根背景，是在商场征战中成就的一批优秀者。然而，有一大批企业家在小有成就后，就会陷入人生迷茫，陷入事务的琐碎，对未来的思考停留在各种"心灵鸡汤"和"名人名言"上，企业家本人具有超强执行力，但是没有办法与员工形成共振。企业老板只是带头大哥，并没有勾勒出令人向往、让人兴奋的未来规划和前景蓝图，即使试图做出这样的引领，往往也是干瘪的、令人难以信服的。

正如管理学家马奇（James G. March）所说，企业家不但要会修马桶，更要会唱赞美诗。要知道，人是社会性动物，需要引领和指引，需要在精神层面上获得共鸣，才能在行动上产生共振，尤其是知识型员工和 90 后的新员工，不喜欢被管理，却需要被领导，只有精神引领和价值观的认同，才能激发他们内心深处的自发驱动力。这需要企业家能够有更大的视野，在更高的格局上思考问题。

随着企业业务发展到一定阶段，越来越多的优秀人才和高级知识分子加入企业，企业家的管理风格和领导风格也要同步进化。企业家要有格调但不能附庸风雅，要有境界但不能天马行空，让自己的所言所行成为企业员工所言所行的标准和规范。

三、企业家的思维转型

变革最大的敌人是既有的文化基础和惯性思维，思路决定出路，企业家思维的转型就是企业经营理念的转变，影响到企业经营的方方面面。

从正向思维向逆向思维转变

某服装公司的老板向我咨询，现在终端门店的会员已经很长时间没有增加了，业务出现了瓶颈该怎么办？经过十多分钟的沟通，我发现这位老板在思维上一直沿用正向思维模式，而没有向逆向思维转型。作为一个与消费者有着高频互动的公司，如果采用正向思维，潜意识里是以我为主的，就难以与消费者共振，共振是同频的，是经过一点时间的同频振动才能产生共振，道理如此简单。

如果采用逆向思维，你的思维模式就会转变，会从客户角度思考，寻找成功的密码，而不是从自己的角度寻找失败的教训。换句话说，问自己的问题会发生变化，不会提出为什么这些款式的产品销量不佳，库存居高不下的问题；而是问自己，那几款产品为什么销量那么大，是哪些客户以什么方式采购的，寻找成功的内在逻辑。寻找失败的教训，时间久了就会有挫败感，如果一直在寻找成功的基因，就越来越自信，就可以从一个成功走向另一个成功，进入良性循环。

在服装界，ZARA的核心就是这个，很多人把ZARA的成功归结为高效的供应链，12天的全球配送，却忽视了他们抓住了真正的成功密码，就是全球供应链支持的是其强大的产品力，这种产品力来自其强大的设计师队伍快速抓住最流行、最畅销的服装设计要素，设计师队伍不是设计，而是捕捉客户认可的流行。

何为正向思维？基于对市场的定位和选择，以自我为中心，按照传统的经营逻辑，从企业向客户传递自我定义的价值。正向思维不是不传递价值，而是这种价值是自我定位的，就像亨利·福特所说的"无论客户要什么车，我只有黑色的"，说的就是这个道理。当定义的目标市场需求足够大的时候，这种思维模式依然可以保持较高的经营业绩和盈利，这也造成了福特长达19年保持行业霸主地位。那么，与正向思维相对应的便是逆向思维，逆向思维就是根据客户需求来安排自己的经营，目前很多企业追求的零库存就是这种思维下的延伸，客户要什么我提供什么，这种客户价值是客户来定义的，企业只是提供响应而已，尚品宅配、青岛红领、汇川技术等都是在这种思维模式下经营自身的运营体系。

逆向思维和正向思维到底存在多大区别？正向思维的企业家会把大量的资源和精力放在企业内部经营和供应链上，强化企业的后台能力，围绕自定义的市场进行市场布局，这种思维下，经营资源投入快速变化的市场时，可能会失效。投入的广告不知道效果如何，建设的渠道到底能够产生多大的收益说不清等。这也是目前很多企业家困惑的原因。大量生产必须以大量销售为前提，大量销售必须以大量需求为主导，采用逆向思维的企业家，对客户互动的要求很强，互联网思维之所以火爆，原因在于企业和客户互动起来了。抱着逆向思维的企业家，会把资源向前端倾斜，向客户界面延伸，在后端上逐渐向轻资产模式延伸，现在流行的"社区商务模式"就是要建立客户社区，让每一份投入更加有效。

从交易思维向共赢思维转变

为何很多企业家没有形成商业模式的体系和架构呢？这与企业家们在思考客户价值时的出发点有着直接的关系，这些企业家仅从企业自身考虑，而没有思考建立起全新的商业模式。商业模式思考的是价值创造体系，是商业生态，是若干利益相关者之间的连接方式，甚至是跨越多个行业、多个企业之间的合作，是一盘非常大的棋，这盘棋能否下活了，关键在于这些相关方在利益上是不是共同的、一致的。所以说，没有共赢就谈不上商业模式，企业也就只能在自己的小王国里折腾了。再说得直白点，如果你没有共赢的心态，你用的人，你合作的伙伴都是低层次、低水平的；要想做大做强，就得共赢，要知道多一个强者合作，才能打开一个新的局面。

《小松模式：全球化经济下企业成功之道》一书，讲解了作为全球工程机械行业的第二大公司的小松，在面对经济危机时，不是选择压榨供应商来求自保，而是动用巨大的资金采购供应商的库存，来保障供应商存活下来。在共赢的经营理念下，小松与外协企业共同繁荣，对因大幅度减产而陷入困境的外协企业施以援手，以收购设备及零部件的方式帮助外协企业渡过难关，促进外协企业之间的切磋磨合。也正是这一系列手段，造就了小松强大的供应链协作能力。而我们发现，大多数企业之间都是简单的交易关系，真正意义上构建起商业模式和商业生态的微乎其微，压榨供应商、压迫渠道商的做法很普遍，甚至一些非常知名的品牌，都在采用这种粗糙的做法。

我们提倡价值营销，但是现实世界中的价格战让很多企业家难以跳出现实经营的困境来思考客户价值，转型艰难；认可客户价值理论，但是运营依然我行我素，不是不想变，而是现有体系和格局没办法支撑转型，追根溯源，还是企业经营的交易思维出了问题，没有建立起共创共赢的经营理念。我们常说，企业家最怕的就是自我封闭，从自我利益的角度考虑问题，与上下游之间是交易关系，与内部员工之间是交易关系，交易产生博弈，博弈产生矛盾，时间久了，又接触不到视野之外的机会，自我满足与自我膨胀之后就会很麻烦、很危险。

交易思维会把业务做成买卖，共赢思维才能把业务做成事业，大家共同的事业。企业家即使浑身是铁，也打不了几根钉子，要想形成共赢的思维，必须抛弃独占的想法，与上下游，与内外部人才，共创价值，共享成功。

从存量思维向增量思维转变

在企业里，企业家被置疑最多的话题就是企业家的格局。格局这东西是一种情怀，十分抽象，但是会体现在公司制度和管理方式上。那么，哪些方面体现了企业家的格局大小呢？最多的还是体现在钱和权的分配上，舍得分权、舍得分钱就是一般意义上的大格局。很多企业家认为自己不是不舍得分钱与分权，关键是看员工创造了多少价值，但这就陷入"鸡一蛋"的矛盾怪圈了。

增量思维就是一种典型的增长思维，尽管目前整体市场是从增量市场向存量市场转型，存量巨大，增速减缓，增量有限，但是市场机会依然巨大，如果以增量思维来看待这些，可以创新出很多玩法，存量市场更要用增量思维来应对，这样组织才具有张力。

如果换个角度来看电影《投名状》，就是如何通过增量思维将一群土匪变成了一支攻城拔寨、气势如虹的铁军。具备存量思维的企业家，会把眼光锁定在短期经营业绩上，围绕目前产生的收益如何分享而纠结，更多依靠管理和制度来驱使员工付出。而具有增量思维的企业家，会把目光放得更长远，善于勾勒愿景，依靠的是点燃员工的内心深处的火苗，激发员工的内驱力来创造无限的可能。说起来挺有道理的，具体怎么做呢？举个例子，在某家企业，给营销体系做薪酬激励方案时，就采用了增量思维的模式，分别按照产品、区域和客户类别等进行激励机制设计，如在利基市场采用超量提成的办法（超过年初确定目标部分，分享较高的提成比例），在新开发市场采用增量提成的办法（超过上一年度的实际销售额，分享一定比例的提成），这样滚动下去，激励效果巨大。这方面的细节性内容非常多，如有兴趣，可以参阅本人的另一本书《资深战略专家教你搞定企业转型》。

从全面思维向关键思维转变

IBM 传奇 CEO 郭士纳认为："缺乏焦点是公司平庸的原因。"这需要企业家快速地从全面思维转向关键思维，围绕关键点发力。

聚焦关键成功要素。企业战略举措就是围绕企业竞争优势来的，而竞争优势一定是在关键成功要素上找到落脚点的。换句话说，企业在确定资源投入时，**第一步是找到关键成功要素；第二步是围绕关键成功要素，确定企业的竞争优势；第三步是根据竞争优势确定公司的战略举措；**

第四步是根据战略举措确定具体的项目和计划；第五步是根据项目和计划来组织和配置资源。聚焦关键要素就是聚焦有效、聚焦优势，所以，只有抓住关键成功要素，才不会让企业沦为平庸的无特色企业。

聚焦强势业务。 GE 先后两次卖掉家电业务，第一次是 2014 年以大约 33 亿美元出售给瑞典家电企业伊莱克斯，第二次是 2016 年以 54 亿美元向青岛海尔股份有限公司（海尔）出售 GE 家电中的高端业务。两次出售家电业务并不是因为家电业务无利可图，而是 GE 并不擅长家电业务，尤其是在面向客户的安装服务以及维修服务等方面，更是把控力薄弱，担心这种非强势业务对其品牌带来不良影响，将其出售更加符合GE 成为全球最大的基础设施和技术企业的战略。

聚焦关键功能。 在休闲服装行业，优衣库是一家技术驱动型和营销拉动型的公司，在技术方面，打造了包括摇粒绒、HeatTech、轻羽绒、AIRism 等多个技术商业化的爆款，在营销方面，用了 7 年时间培养了4000 多名优秀的店长，引进了大卖场式的服装销售方式，通过独特的商品策划、开发和销售体系来实现店铺运作的低成本化，由此引发了优衣库的热卖潮。聚焦关键功能（研发和营销），让优衣库总经理柳井正"九死一生"的商业理念在"创新"上找到了答案。

聚焦核心产品。 核心产品就是爆品，苹果手机、小米手机、东阿阿胶等都是以打造爆品为核心的公司，这种"逆产品组合"的方式，不求"多子多福"而是强调"优生优育"，采用"卡西欧"式的快速迭代方式的产品开发模式，让产品持续保持优势。

聚焦关键人员。 汇川技术作为一家以变频驱动为核心的工控企业，人才是其成功的基石，尤其是精通行业、技术和商务的复合型人才更为关键。企业领导层认识到这一点，并经过多年的培育，打造出一支令同行胆寒又羡慕的复合型人才战队，这支队伍目前达 100 多人，每一个都是具有行业拓展能力的将才。

在目前这个商业世界里，机会很多，陷阱也很多，如果不能聚焦，很多时候机会就会演变成陷阱，一旦涉足而不能形成一定的竞争力的话，一切努力可能白费。为此，企业家一定要有关键思维，根据业务类型和运营特点，抓住关键点，快速形成突破。

四、企业家的能力转型

从"近亲繁殖"向"知识杂交"转变

对企业家来说，眼界有多宽，事业就可以有多大。企业家的学习速度决定了企业的成长能力。想当年，马云只是一个英语老师，1995 年去了趟美国西雅图，这改变了马云，也改变了中国人的消费模式。如果我们一直局限在自己的圈子里，一直在"近亲繁殖"，很难获取新知识、新见解，能力就会受到限制。企业家想要突破，必须"知识杂交"，通过新知识来提升个人的认知水平。

获取"知识杂交"的方式有很多，如企业联盟开会讨论、企业内部提倡一种开放的文化，为企业的发展出谋划策等。后者对小企业特别有用，一旦企业大了，大家都七嘴八舌，可能反而会造成混乱，因此一定要有度。还有就是咨询外部专家顾问，咨询师走过很多企业，其建议对于打开个人思路大有裨益。另外，咨询师结构化、系统化的知识体系，对于企业家提升思考力和方法论也有不错的借鉴意义。企业家必须爱惜人才，爱才如命才行，否则无论你多么聪明、有能力，注定只能做成一个井底之蛙。

归根结底，企业家必须有自己主动学习的动机和能力，要始终对学习抱有饥渴感。学习主要有两种方式：**一种是横向学习，在同一个行业内，向竞争对手学习，向行业标杆学习，或者向跨行业企业学习；另一种是纵向学习，向同一个产业上下游企业学习。**从别人的成败得失中找到自己通向成功的道路，这条道路一定要适合自己，也一定要具有特色，切不可简单模仿或抄袭。

从"企业洞见"向"产业视野"转变

从 2012 年期，在服装界出现了一个叫作辛巴达（全名：达达辛巴达科技有限公司）的公司，提供全方位的"供应链解决方案"，号称服装制造业的"UBER"，该公司专注于服装行业的"小批量、快速生产"的小快柔性供应链平台。该公司创始人大风认为，现在是一个遍地机会的时代，有很多订单，也有很多生产工厂，但是缺乏组织者和管理者，致使双方难以协调配合。辛巴达通过整合优质厂家（为厂家生产优化提供专业顾问服务）、客户订单和设计师，打通了供需的产业链条，致力于打造一个开放的"ZARA 的供应链"，并将其开放给所有服装卖家，成为淘宝 / 天猫生产供应链领域唯一的"战略合作伙伴"。这家企业就是从产业的角度出发，找准了产业中存在的痛点，并从产业的高度实施统筹以解决问题，为自己创造一个巨大的风口。

类似的做法，如阿里巴巴"让天下没有难做的生意"、GE 开放的 PREDIX 工业大数据平台、猪八戒网的专业外包服务等，这些都是从产业的角度来解决整个产业中的结构性问题。这些都是产业视野，而不仅仅是企业洞见，如果单从一个企业的角度思考问题，你会发现很多时候客户面临的问题并非是你一个人可以解决的，你的企业不过是产业链中的一环，即使再强大也改变不了整个供应链的效率，只能在点效率上发力，而产生不了线效率，更难以实现面效率和系统效率。因此，企业需要在更高层面上寻求商业模式创新，通过模式来解决系统的结构性问题。

从"战术思考"向"战略思维"转变

评价一个人是否聪明，关键看其能否在多对矛盾体系相互融合中做出明智的决策。再精妙的设计也抵挡不住关键时刻的一个错误决策，企业战略的过程就是一个有系统的放弃和有组织的改进过程，既要关注生存，也要关注发展，是多组矛盾的对立统一体。

德鲁克曾经问一位企业家，他将最优秀的人才安排在什么地方，通过了解后发现企业家出现难题的原因是他将企业最优秀的人才安排在解决今天的问题，却没有为未来做准备。德鲁克认为，**战术就是要解决今天的问题，而战略则是要为未来做准备**。我们都知道未来并未发生，但是具备战略思维就是要让我们今天做的事情具有未来意义。可以说，战术思考强调的是今天的见利见效，而战略思维强调的不仅是今天的见利见效，还要具有未来意义。

战略思维需要处理多组对立统一的矛盾：**第一，动静结合**，体现在战略目标的制定上，不仅仅追求静态的战略目标，还要追求动态的战略愿景，并且在企业发展过程中动态调整目标，另外体现动静结合的还有企业核心竞争力方面，在强化核心业务的竞争力的同时，追求新业务的发展和新的竞争优势的缔造，防止创新性技术的颠覆；**第二，刚柔并济**，企业资源分为战略性资源和战术性资源，如果将财务与业务充分结合，最终制订出来的预算计划既不痛苦又很有效，这也充分体现了战略性与战术性的深度融合；**第三，长短相宜**，顶层设计绝对不是一次完成的，而是一个动态的不断调整和优化的过程，抱有战略思维的企业家会将顶层设计持续下去。

第五章
抓手一：战略突破

"战略"一词于 1957 年，艾伦·内文斯（Allan Nevins）在对亨利·福特和福特汽车公司的历史定义中第一次提到。"战略"的原义为战争的策略，对于企业管理者来说，它则是企业经营制胜的经营方略，是链接企业内外部的纽带。战略是企业经营的纲，是主线。所谓纲举目张，只有战略问题陈述清楚了，才能把组织内外的方方面面布置妥当、有条不紊。在美国进行的一项调查中，有 90% 以上的企业家认为，**企业经营过程中最占时间、最为重要、最为困难的就是战略规划**。

一、战略，有系统的放弃和有组织的努力

到底什么是战略

我有幸受邀参加某企业战略规划研讨会，能够参会的原因是该公司总经理与高管们讨论多次终于形成的战略报告，却似乎总觉得少了那么点感觉，不痛不痒，指导性不强，担心付出这么多辛劳，最终做出来的文件又成了一份尘封的报告。

会议由总经理和相关部门分管高管组成，共十余人。研讨会按照正

常流程推进，由战略规划部负责人汇报战略规划报告，相关分管领导点评，分管领导点评之后，由我来提建议。我注意到，战略报告本身平淡无奇，是一个标准的模板行文下来的文件，但是，分管领导的点评却是千差万别，换句话说，每个人对战略规划报告的认知角度有较大区别。

观察到这个现象后，我并没有直接对战略部门的报告进行点评，而是以提问的方式向当时参会的所有高管提出了一个问题："什么是战略？"我想，如果对于战略是什么，为什么而做都没有搞清楚，那么做出的所谓"战略规划"只能是一个模板和标准化的东西，一个填数游戏罢了，只能以外表的专业来掩盖灵魂的空洞。

这个问题一经提出，立刻引爆全场，本来就很健谈的高管们像是开了闸门的大坝，纷纷发表自己的高见。有人说战略就是目标，然后是围绕目标如何分解的思路，以及目标如何制定的认识；有人说战略就是企业要成为什么（愿景），说清楚自己是什么，然后如何成为想象中的那个样子；有人说战略就是策略，不断取得胜利的点滴的积累，要从策略上寻找出路；也有人说，战略就是行动大纲和行动计划，分几步走的问题，以及每一步投放多少资源的问题；还有人说，战略分为大环境分析，找到机会窗口进行市场定位以及资源配置体系和落实体系的结合；也有人说战略是定位、目标、路径以及举措的综合……每一位高管都有自己的一套，看起来也都很有见地。围绕他们各自的想法多多少少也能编写出某种形式的战略报告。高管们充分表达完各自的观点后，总经理一脸茫然地看着我，这些观点好像都很有道理，好像又似乎不那么完整，希望我能够给出一个令大家都信服的观点。

坦白地说，在管理学界，大家对于战略的理解派别林立，不一而足。为此，我并没有直接告知我对战略定义的认知，深知直接抛出观点，这些已经自成体系的高管们并不会一下子接受，甚至产生抵触。我选择了自问自答的方式来引导高管们逐渐形成共识。"我认为各位高管回答得都没错，但是不完全，其实，战略是什么并不重要，为什么需要战略才是最重要的，也就是说战略存在的理由是什么？战略作为企业经营纲领，其存在的理由借助德鲁克在《自我管理》中的经典五问，可以适度演绎：第一，说明白企业到底是谁，将会是谁，为外部做出哪些贡献；第二，说明白企业在哪些市场竞争，为哪些客户服务；第三，说明白企业如何为客户服务，并形成哪些优势；第四，说明白企业在产业链中的角色及资源整合方式；第五，说明白资源配置的先后顺序及具体落实计划。"说完这五个理由以后，高管们并没有任何异议。其实，陈述的观点，可以提炼出几个关键词：贡献、客户、竞争优势、资源整合、先后顺序等，把这些概念串起来就很容易说明白战略是什么了。**战略就是在特定的经营背景下，企业围绕目标客户，通过有效整合资源来提供价值贡献，以获取竞争优势，并明确资源配置的先后顺序**。简而言之，战略就是定位组织以获取竞争优势，通过有系统的放弃和有组织的努力来创造独特价值，获取竞争优势。

所以说，战略规划很重要，更重要的是战略规划报告背后的战略思维。战略的一切出发点是为客户提供价值，而客户的需求是动态的，所以战略必然也是动态的，在这个动态的变化中，有许多可控的因素，也有许多不可控的因素；有着大量已知的要素，也有大量未知的要素；有着诸多定性的理解，也有很多定量的分析。战略的制定过程是全面考验着企业决策层的决策智慧，最终能够提高整个组织智慧的一项关键性事务。

战略绝对不会是一个按照模板做填空的填空题，不是一个基于目标做分解的计算题，也不是一个确定企业是谁，分几步走的选择题，更不是通过大环境分析找到机会窗口的判断题，而是融合大环境判断、细分定位、经营命题把握、目标分解、路径选择等多重问题为一体的一道系统性大题，是一项具有高度专业性、高度系统性和高度创造性的工作，这也就造成了战略规划极具挑战性。为此，我们可以将战略体系作为一个大的体系来理解：**价值创造体系**，指引企业聚焦哪些目标市场，为目标客户创造何种价值，以及如何创造价值；**资源配置体系**，将资源配置进行轻重缓急的分类，并做出合理选择；**责任分解体系**，明确各个单元在组织体系中的价值创造责任，是责任分解而非仅仅做目标分解；**目标达成体系**，价值创造活动与价值创造保障相结合，灵活动态应变以达成公司战略目标；**时空布局体系**，确保组织现实有利有效，又具备未来意义，实现战略战术统一，兼顾生存与发展；**价值效率体系**，实现市场价值创造与内部组织运营有效对接，内外互动。

战略报告是要有灵魂的，灵魂就是战略思维，是指导战略报告制定的主线，是企业赢的内在逻辑。

战略的基本属性

战略规划如此重要和困难，不是在于战略规划报告的"形"，而在于战略规划报告背后指导战略规划制订的"神"。企业家和企业高管们只有充分抓住战略的基本属性，方可更好地理解战略，制定战略。

通过总结与归纳，我认为战略应该包含以下五大属性。

战略要具有前瞻性

前瞻性就是要对未来做出一个趋势性预判，即对外部如何变化和内部如何发展给出一个大方向和主基调。谈起趋势，自 2000 年以来，经历过两次大的经济浪潮。第一次是金融经济，一批炒股的人获得了高额回报；第二次是虚拟经济，也就是目前十分火热的经济形式，互联网技术与实体经济在交融中产生无数可以创新的环节，机会无穷。所以说很多人的成功，实质上是趋势的成功，把握住趋势，你就成功了，把握不住，有时候再怎么努力可能都是白忙活。

在趋势的研判中，外部的变化尤为重要，包括政治、经济、社会生活以及技术等的总体发展趋势，这些变化对于企业所处的行业会带来哪些影响。如人民币在金融市场的地位、"一带一路"、全球经济发展、"互联网＋"、智能制造、生态文明等信息，通过分析可知，我们可以在哪些行业、哪些市场、哪些产品上可以获得更大的投资回报。例如，通过趋势可以判断出产品竞争已经走到尽头，而面向客户做整体解决方案是未来的方向，那么未来的技术方向就是如何融合多技术专业推出全新的服务和方案，而不是在原有的产品上只做纵向的技术升级，原因就是简单的产品已经不具竞争力，整体解决方案才是未来的方向。另外，随着新型制造业的发展，智能制造成为未来的趋势，为企业智能制造做配套和服务的行业便成为未来的趋势，尤其在中国目前智能制造水平发展处于初级阶段时，面向生产线自动化、网络化和智能化的应用市场前景广阔，投入其中，未来的前景就可以预期，这也是美的集团巨资控股德国机器人巨头库卡的一个重要原因。

前瞻性就是要做到"人无我有、人有我优、人优我精、人精我变"，始终快对手半步，获得高于行业平均利润率的水平与对手竞争，始终把握竞争的主动权和经营的主导权，有的放矢地调动内部资源。在企业内部，员工希望领导者们能够具有前瞻性思维，通过引领未来而不是管理现在来激发员工的热情。如果没有前瞻性，就会在组织内部造成混乱，满眼都是活，却永远不知道哪些重要哪些不重要，该做哪些不该做哪些。

具有前瞻性的战略思考，可以在现在经营中埋下未来发展的种子，不论是对于"种子业务"的培育，还是对于"种子人才"的培育，都是可以在未来的某个需要的时候派上用场，保持组织生生不息的成长能力。

战略要具有利他性

迈克·波特（Micheal E. Porter）在《什么是战略》一文中提出：**战略的价值创造和战略的配称性，为客户创造价值的利他性思考是战略思考的根本出发点。**如果脱离了利他性，战略就会封闭脱离主线。如果不以利他性为出发点，那么战略就会陷入两个怪圈：一是以竞争为核心，这是国内目前大多数企业在制定战略时的基本思路，结果只能是一个，那就是走入战略困局，走入同质化的价格混战；二是以组织能力为核心，将战略和能力混为一谈，按照钱德勒的观点，战略决定组织，组织支撑战略的观点来讲，组织能力服务于战略，是为战略的实现提供支撑的，而不能将战略等同于能力。这两个怪圈的结果是什么呢？如果以竞争为核心，企业整天思考的是如何杀伤竞争对手，企业规模可能会不断扩大，但是获利能力会越来越小，企业也会越走越困难；如果以组织能力为核心，企业可能看起来越来越规范，但是运营系统会越做越封闭，变成没有方向的穷折腾。企业要想越做越大，越来越强，只有面向客户需求，思考如何提供价值，别无他路。

对利他性的理解上也要注意，按照 7-11 老板铃木敏文的观点："不要为客户着想，而是要站在客户的角度思考。"换句话说，**不是客户要什么就给什么，而是客户真正需要的是什么？**深层次理解客户的需求，才能抓住企业经营的关键成功要素，在成功的要点上发力才更有效，而不是被客户牵着鼻子走，被动响应。利他性思维，就是要企业站在目标客户的角度上思考企业存在的理由和价值，以开放的姿态和动态的思维，保持战略的鲜活性和组织活力。没有价值，企业就没有存在的理由和必要。拥有利他性思维的战略，企业会始终寻找客户尚未满足的隐性需求，不断重新定义客户需求，积极寻找客户的痛点，带来的客户体验也大有不同。

战略要具有差异性

中国改革开放的近 40 年的时间里，中国市场可谓是风起云涌、变化多端。这 40 年里大体经历了四个阶段：**第一个阶段，规模为王时代**，市场上巨大的需求亟须满足，很多企业起家就是源自买了几台设备，从此走向发家致富的康庄大道，企业根本无暇顾及客户需求的差异性，客户需求的差异性一度被忽略，产量成为最大的问题，大规模制造能力是企业的核心竞争力；**第二阶段，品牌为王时代**，物品极大丰富，需求在很大程度上得到了满足，客户面对海量的产品，有了很多种选择，广告、宣传和策划能力就成了最大的问题，市场策划能力成了企业的核心竞争力；**第三个阶段，渠道为王时代**，对消费者来说，对广告已经没有新鲜感，广告战带来的边际收益在缩减，渠道成了争夺的主战场，深度营销理论开始红遍大江南北，围绕渠道进行深度营销能力成为核心竞争力；**第四个阶段，个性为王时代**，深度营销已经是营销人员的基本功，渠道争夺战也进入同质化和白热化，移动互联时代，消费者对于品牌的认知，更强调个人感知和体验，消费者的主权意识觉醒，理性消费意识的增强，让消费者掌握了更大的主动权，权力开始向消费者倾斜，满足客户需求的个性化定制成为主流，对于企业来说，如何在客户个性化定制的基础上实现大规模定制的生产制造能力成为企业的核心竞争力。从以上可以看出，对于差异化的理解一直在变，走到今天，差异化必须在客户层面上做文章。

差异化是必然趋势，差异性就是要回答你和别人做的有什么不同，这是客户选择你而不是竞争对手最主要的理由，也就是企业能够获得竞争优势的前提。例如，企业是在产品性能上更优越，还是给客户的体验更好，是具有更强的经济性，还是价格上更便宜，必须有一个或者多个不同。企业要做到差异化，就是要找到客户哪些需求没有得到满足，哪些方式可以更好地满足需求，这个其实并不复杂，只需要观念的转变，做起来并不困难。其实，只要能够深入客户，走进客户的生活方式（消费品）或者客户的运营方式（工业品），与客户互动起来，很多差异化的需求和差异化改进的答案已经在那里，**需要的只是企业能够俯下身来，用心倾听客户，以客户的立场思考改进的方向。**

战略要具有协同性

战略协同性也称配称性，配称性是迈克尔·波特在《什么是战略》中提出来的一个词，对于大多数中国企业来说还比较新鲜，或者说比较拗口。简单来说，配称性就是保障企业内部资源配置和功能设定上的支撑战略，同时相互之间还能彼此增长，而不是互相对立和损耗。

配称性听起来比较学术，其实不然，配称性的前提是强调战略实现需要资源来保障，要能够有效落地和落实。如果不落地不落实，再好的战略都是没有意义的，配称性也就是要让资源配置的结构和节奏要科学合理。换句话说，企业就是要明确资源配置的关系和先后顺序，围绕战略路径有效有序地配置资源。在我看来，**理解配称性最简单的方法就是要有拼图思维**。配称性需要运筹帷幄，在合适的位置放置合适的资源，在合适的架构下配置合适的功能，在合适的岗位上选用合适的人才。资源和功能不但配置有效，其产生的影响还应当是正面的、积极的，配称性也意味着可操作性、可落地性。

配称性在很多企业战略制定中，或多或少都在应用着。举个简单的例子，企业确定了战略方向和战略目标后，在战略举措环节还需要各个业务板块和职能部门明确各自的任务，围绕战略目标的举措能够全公司一盘棋，研发、制造和营销部门之间的战略举措要相互呼应，彼此增强，人力和财务等部门的举措与业务主线的相关部门之间的战略举措要有同步性和互补性，这就是战略的配称性，从而为实现企业的竞争优势提供一致的、共同的努力。

很多企业在做战略规划中，存在一个很明显的问题就是，企业列出的战略举措之间到底是什么关系，没人说得清楚，即使是按照某种战略工具，如 BSC（平衡计分卡）做出来的战略举措，大多也是自说自话，没有必然联系和内在逻辑，更没有配称性的考虑，存在大量管理资源的浪费或者损耗。

战略要具有系统性

系统性思考就是系统思维，即理解整体与局部的关系。企业对于各个部门和职能板块来说是整体，但是对于整个产业链条来说就是局部，系统思维就是要将企业放到一个更大的范畴思考。如果脱离了环境，一切问题和答案都是没有意义的，系统性就是要打通企业内外部和企业上下层之间的关系。**回答企业的目标是什么，为什么制定这样的目标，实现这样的目标需要什么样的资源保障，资源的整合需要通过哪些方式实现，相关利益方如何合作，过程中存在哪些风险等。**

企业已经无法依靠"一招一式"获胜，靠的是系统性和结构性的策略体系，很多企业经营始终抓不住问题的核心和关键，只是在表面问题上应急救火，核心还是缺乏系统性思考。例如，很多企业提倡创新，某企业为此在研发上大力投入，但是研发创新出来的产品并没有市场，企业老板百思不得其解，深入了解后发现，产品的技术方向与客户的需求之间存在巨大的鸿沟，加之追求技术的先进性带来产品价格的居高不下，市场的接受就变得很困难。对于这种情况，这里有两个建议：**一是销售人员和研发人员组成虚拟团队，共同服务客户，在服务客户过程中完善产品；二是企业组织一批懂技术的市场人员成立市场应用部，链接销售部和研发部，通过市场应用部来牵引技术的优化。**两个建议的本质其实都一样，就是围绕客户做开发，实现需求之声在企业内部无障碍传递。

可以说，**没有运营系统的公司永远都是小作坊，没有管理系统的公司永远都是游击队。**系统性思维就是以系统的方法论，实现有系统的放弃和有组织的改进。

到底谁来做战略

在给企业培训过程中，我感受最明显的就是企业对于营销策略和技能的课程在缩减，价格在降低，而面向商业模式和顶层设计的高端课程越来越多。中国企业家经历了集体迷茫和困惑后，开始积极从战略层面思考企业经营之道，开始舍得在战略管理方面投入，并且在组织层面上完善战略管理体系。然而，接下来的问题也出现了，很多企业家发现重资打造的战略部门似乎没有发挥出应有的价值，能力表现也不如预期，做了很多行业分析，但是对于企业该怎么做没有什么见地，做出来的战略报告启发性不强，很多战略报告简直就是把企业家的发言稿翻译了一下，没有什么创新和启发。

存在这种想法的企业家比比皆是，认为重金请来某位战略高手，企业的战略问题和商业模式问题就迎刃而解了，但大多会失望。可以说，这是企业家对于战略制定的一个非常大的理解误区，即不清楚应该由谁来制定战略。

那到底应该由谁来制定战略呢？

首先，要从战略包含几个层次谈起。**公司的战略一般来说存在着三个层次的战略，分别是经营战略、业务战略和职能战略。**其中，经营战略又称为大战略，是基于产业发展趋势和企业家的追求，包括企业的定位、目标和愿景等，换句话说，企业家想把企业做成多大，做成什么样子，直接决定了组织能力需求的层次；业务战略又称业务竞争战略，是基于竞争态势和企业资源，围绕企业业务结构和市场竞争，阐明企业的价值创造和价值传递方式的策略体系组合，也就是你拿什么与别人竞争，以什么方式与别人竞争；职能战略是基于业务特点和产品特性，由各个职能板块围绕公司经营战略和业务战略提供支撑和保障的支撑性安排，换句话说，内部的各个板块做什么才是最有效的。根据不同层次的战略所涉及的范畴不同，三者之间的责任主体是存在区别的：**经营战略的责任主体是企业老板或者决策团队，其他人没有权力和能力来制定经营战略；业务战略的责任主体是业务单元的负责人，如分公司的总经理（决策团队）或者事业部总经理（决策团队）；职能战略则由各个职能部门的负责人承担。**

这么说，好像没有提及战略管理部门，是不是战略管理部门就不需要了呢？其实不然，战略管理部门对于战略制定的价值主要体现在以下方面。

第一，提供基础保障性服务。战略是面向未来的，因此存在着大量可控因素和不可控因素，企业要想获得成功，就要在不可控因素上把握趋势，在可控因素上做到极致，不可控因素涉及政治、经济、技术、社会生活、产业链、竞争对手等多个方面的内容和信息。要做到能够及时精准地把握外部不可控信息，必然需要专业人员通过专业的工具和方法，提供梳理和归纳，为相关战略的责任主体在可控因素上做出决策，提供基础保障。

第二，保障达成共识性认知。由于不同专业人员的语言风格不同，思维模式不同，所表达的观点也会产生分歧，因此，专业的战略管理人员会通过归纳和演绎，统一各个领导的语言风格，形成符合企业文化的、一致的战略语言，以便更好地达成共识。

第三，**提供专业服务性咨询**。专业的战略管理人员能够从模板和工具层面上，为各层次战略的负责人提供必要的支持，通过战略人员的串联，将零散的观点和凌乱的想法整合为整体，确保战略符合系统性和配称性要求，否则单纯依靠各个负责人的专业化思考，这两个战略属性是很难保障的，可能会在执行过程中产生不必要的冲突。

结合战略的基本属性来说，战略的利他性是企业各个层级的基础和共识，战略的前瞻性和差异性是要由各个层次战略的负责人来承担责任的，负责人一定是战略的参与、制定者，而不是评判者。而战略的系统性和配称性，则要由战略管理部门（或承担类似职能的部门）串联，达成战略的统一和耦合。

二、规划制订三部曲

深度理解战略思想可以更好地指导企业做出一份简洁明了、层次分明又具有很强操作性的战略规划，无论思想多深奥，但是呈现的结果一定要简单易懂，是能够说清楚轻重缓急、先后顺序的指导性纲要。简单来讲就是，战略规划要能够说清企业从目前状态 A 达到理想状态 B，以及实现路径的系统规划。战略从整体来看，一般来说要经历三个关键步骤：**分别是战略反思，即对目前状态 A 的全面自我梳理；战略设计，即从 A 向 B 的未来路径举措的自我定义；战略实施，即使战略落地，让企业成为你想要的样子。**

战略反思

德国铁血宰相俾斯麦曾说："只有向后看得更深远的民族，才能向前看得更清楚。"同样，对于企业来说，面向未来做战略时，第一步应当是进行深刻的战略反思。

战略反思分为三个方面：**第一，企业过去是怎么成功的？第二，企业目前面临哪些挑战？第三，企业是否具备未来持续成功的条件。**按照时间的维度，从历史角度进行深刻的战略反思，提出企业从过去走向未来的方向和路径。

企业过去是如何成功的

这是企业的历史回顾，这个历史回顾对于很多中国企业来说，是不大愿意提及的，但是，无论如何，企业必须正视历史、正视过去。

企业目前面临哪些挑战

运筹学之父艾可夫说过："我们的失败，一般不是因为我们无法解决面临的问题，而是因为我们无法面对真正的问题。"企业必须清楚影响我们陷入困境的因素，即企业的内外部环境发生了哪些变化，让原本的获利之道失效或者受到影响？内外部的不可控因素是具有普遍影响的，不做太多讨论，但是企业在可控因素上可以完成自检。自检工具无须太复杂，我将企业自检工具称为行业趋势表和企业活力表。**行业趋势表包括三个方面内容：即需求总量增速、平均利润率和渠道销售结构；企业活力表包含五个方面的内容，即产品销售结构、客户结构、市场结构、利润结构和人员结构。**

行业趋势表中，需求总量增速，反映整个行业的变化趋势，是属于增量市场还是存量市场，公认的指标是增速与GDP的增速比较，如果连续三年增速高于GDP，说明这个市场属于增量市场，如果连续三年增速低于GDP，说明这个市场进入了存量市场；平均利润率反映整个行业的获利水准，体现行业的成熟程度；渠道销售结构反映传统渠道和互联网渠道销售的对比情况，可以体现客户消费习惯的变化情况。

企业活力表中，产品销售结构主要看企业新老产品的销售占比情况，如果一个企业产品销售中40%以上是四年内的产品，10%以上是当年新品，说明产品结构较为合理；客户结构主要看新老客户的增减情况，如果一个企业能够保持每年10%的新客户递增，并且老客户有计划地淘汰，说明客户结构较为稳定；市场结构主要看新市场的开发情况，如果每年保持10%以上的新市场递增速度，说明市场结构良好；利润结构主要看产品的毛利水平，如果高、中、低档产品毛利水平符合3:5:2的基本比例，说明企业的利润水平良好，产品组合合理；人员结构主要看核心骨干的稳定性和人才梯队的合理性，如果核心骨干流动性很少，说明人员结构牢固，如果高、中、低端人才的比例符合1:3:6的大体比例，说明人才梯队稳定。

对照行业趋势表和企业活力表，企业可以完成一个简单的自测，评价出企业获利能力、获利方式、活力水平等情况，查找在哪些地方存在问题或者说在哪些方面失去优势。

企业是否具备未来持续成功的条件

我们在定义未来时，需要审视一下自身哪些方面与未来的成功具有匹配性，如在人才队伍、资金积累、决策团队、企业文化和品牌影响力等方面，是否具备优势或足够的实力，是否可以为未来持续走向成功提供必要的保障。

"企业过去是如何成功的"与"企业目前面临哪些挑战"进行组合分析，就可以找到企业经营问题的症结所在，找到过去成功方式失效的原因；"企业目前面临哪些挑战"与"企业是否具备未来持续成功的条件"进行组合分析，就可以找到企业转型变革的方向和要求。

战略设计

战略设计是企业寻求长远发展的系统规划，对企业决策团队的集体智慧是一次重大考验。如果战略设计出现问题，那么错误的企业设计下的增长会更快地损害公司的价值。例如，格兰仕以低价侵略，实现了短期规模扩张，最后却陷入薄利经营的恶性循环，难以实现自我转型和品牌跨越。

战略设计是一项系统工程，基本逻辑是先定性后定量，先宏观后微观，先外部后内部，先总后分，先粗后细，先大后小……这些都是基本原则和想法，那么，如何以简洁明了的思路来指导战略设计呢？通过多年的咨询和管理实践，我认为战略设计可以分为具有严密内在逻辑的五个步骤，用五道题来描述，即判断题、应用题、选择题、计算题和填空题。

判断题：对外部世界趋势和机会进行把握

判断题的核心是对外部的趋势，对市场机会做出合理判断。判断题是企业决策团队在进行战略设计时要做的第一件事，企业只有找到趋势和机会，才能够为自身运营提供方向。在此，抛砖引玉地提出自己的一些看法。

对趋势的判断，原有的一些战略咨询工具，如 PEST 的工具依然有效，即对政治、经济、社会、技术的宏观分析与判断，来澄清政府的政策导向、经济发展趋势、社会变革节奏及技术发展水平等对于产业和行业的影响，继而推断需求和竞争的可能变化。趋势的判断至关重要，没有人能够与趋势为敌，很多企业很努力，但是收效甚微，很可能就是这些企业不在趋势里。**判断趋势，不但要有行业视野，还要有产业视野；不但要有区域视野，还要有全球视野。**要全方位对影响自身的不可控因素进行较为全面的分析和判断，这需要专业部门来完成，而不是参加各种会议道听途说。

判断机会，主要围绕视野范围内的行业或者产业的发展潜力进行，判断的方法需要我们进行重新思考，在管理咨询界较为流行的 BCG 矩阵（Boston Consulting Group's Matrix）或者 GE 矩阵（GE Maxtix/Mckinsey Matrix）可能会失效，原因是该工具主要是独立为现有的业务进行发展机会和潜力判断，在崇尚多元多重结构组织的商业模式下，业务组合可能会更有意义，而不是单一业务单独分析。那么，该如何分析呢？核心是围绕外部的市场和客户来做分析，而不是围绕现有业务开展分析，分为以下两步。

第一步，在视野范围内，按照体量和增速两个指标来评判某个行业，如规模巨大的市场和增速较快的市场始终是比较有吸引力的。如在手机、服装、汽车等领域，永远不缺乏新闻（如董明珠从家电行业投资汽车行业），可谓成功者与没落者此起彼伏。原因很简单，大市场孕育大机会，大机会触发大能量。正如当年本田从摩托车领域进军汽车领域，很多专家学者不看好，但是本田内部的想法就很简单，这么大的市场，仅由那么几家企业（福特、通用、凯迪拉克等）霸占，如果能够进入，就可以分到很大一杯羹，本田和丰田这些日本企业的成功刷新了传统战略的思路。另外，增速很快的市场，如互联网行业，可谓机会丛生，变化多端。将"体量"和"增速"两个指标进行组合，其实可以形成四个象限的市场，分别是战略市场（大体量—高增速）、挖潜市场（大体量—低增速）、新兴市场（小体量—高增速）、观察市场（小体量—低增速）。

第二步，利用"十字"扩张法构建产业网络地图，利用体量和增速组合判断市场的可能性，利用技术和市场进行组合评判可行性，判断其是机会还是陷阱。企业主要围绕技术维度，将自身能力与外部机会进行比对，是否具备进军的能力和实力。汇川技术是一家成立于 2003 年的变频器生产制造企业，目前业务已经发展为五大事业集群 60 多个行业线，2015 年成立了行业拓展部，目的是不断扩展技术的应用空间；通过现有技术和市场两个维度，动态扩张市场空间；通过现有客户的新技术需求，培育新业务，通过技术的市场应用，开拓新市场。技术和市场的互动过程中实现业务版图的持续扩张，未来，汇川技术计划建设 300 条行业线。

应用题：对接机会找准企业核心经营命题

做完判断题后，基本已经澄清了趋势和机会，那么接下来就进入应用题环节，即企业如何让组织与外部进行对接。**应用题就是要找到经营的核心命题或主线，这是牵一发而动全身的战略性思考。**对企业经营命题的把握，不在于问题的汇总或表象的罗列，而在于能否透过事物表象找到制约企业发展的深层次原因，找出造成企业困境的关键影响因素。不如此，则难以有效累积内部系统方方面面的持续努力，无法从根本上解决企业问题，陷入"头痛医头，脚痛医脚"或"按下葫芦浮起瓢"的片面与涣散状态。

如何解答这道应用题呢？

首先，企业要有商业模式设计的思路，明确自身在整个价值创造系

统中的角色和定位，以及创造何种价值。企业是一个制造商，还是服务商或集成商，直接决定了企业为整个价值创造系统提供何种贡献。贡献决定企业是谁。

其次，企业要有运营思维，明确自身以何种方式创造价值。 是通过产品还是服务或者是解决方案为客户创造价值，直接决定了企业调动资源的方式方法，换句话说，这决定了企业的运营模式。

最后，企业要有组织思维，明确由谁来创造价值。 是个人创造、团队创造还是组织系统创造，直接决定了整个组织的架构和管理制度的制定，换句话说，这决定了企业的管理模式。

例如，国内某轴承制造企业具有产能过剩、人才流失、利润微薄、管理混乱等国内制造型企业目前面临的普遍问题，该企业决策团队通过分析，判断市场需求正在从标准产品向定制产品转型，标准产品产能过剩，而定制产品市场缺口依然很大。为此，企业确定的转型方向，围绕定制化产品作为企业经营的核心主线，标准化产品作为短期现金流的必要保证，确立了以定制化产品为主、标准化产品为辅的经营理念，从制造商向服务商转型，价值创造方式从渠道型销售向项目型销售转变，组织模式转变为"平台＋团队"的运作方式，总部建设成为资源保障与管控平台，组织从制造为核心，向"研—产—销"虚拟项目团队为核心的价值创造方式转变。

做完应用题，至少要得出两个关键内容，**第一，企业是谁？** 这是企业重新定义自我的过程，决定了企业一系列转型的根本；**第二，在哪些方面"聚焦"**，即企业的关键成功要素是什么，企业要在哪些地方形成竞争优势，在哪些地方努力才会得出更好的结果，这决定了资源投入的方向和基本原则。

选择题：在多个可选方案中选择满意方案

选择大于努力，企业现在的选择决定未来 3 ~ 5 年的局面，选择决定成败，正确的选择意味着成功了一半。求于势而不择于人，做好选择，善于布局，才能鼓舞士气。要知道，对于组织士气打击最大的就是走错路或者走回头路，而鼓舞士气最好的方式就是打胜仗。

在商业的世界里，最优解答是不存在的，企业家（或决策团队）应该在多个可供选择的方案中选择满意方案，这是体现企业家智慧的地方。企业家要根据企业内部的不同利益团队的力量、企业人员的能力以及企业文化的承受程度等，综合平衡和全面考虑后，充分把握结构和节奏，做到张弛有度。做选择题是企业家无法取代的方面，也是体现企业家权威和领导力的方面，选择哪个方向，走哪条路，选择哪个行业，选择哪个主导产品，哪种主导策略，哪种运营模式，做几件关键的事情等是不容含糊的，也是要审慎思考的。在做选择题时，企业家要充分结合战略反思中对自身实力的理解以及对于自身产品特点的把握做出判断。

如果你的企业是大品牌，有资金优势、品牌优势，你的选择会多很多。但是如果你的企业是小品牌，资金缺乏、组织能力有限，那试水的节奏要把握好，很多品牌，如欧普照明、美的电器、衡水老白干等，成长初期靠的就是采用深度分销模式，实施区域滚动，通过建立利基，形成成熟模式，然后再复制，这样在可以在很大程度上规避风险。

在我服务的企业中，一家生产 LED 显示屏的企业让我记忆犹新。时值 2012 年，当时 LED 显示屏行业尚处于"井喷"阶段，年增长率在30% 以上。LED 显示屏行业的产品类型大体分为单双色和全彩，我们看到很多小店门前或者银行门前挂的那种可以显示促销信息的红色 LED 显示屏就是单双色的一种，而那种在广场上可以看电影或者看视频的大屏幕就是全彩屏。单双色技术含量比较低，结构也比较简单，全彩屏技术含量相对较高一点，代表未来的主流方向。另外，通过分析发现，由于单双色产品的市场应用情况更适合于渠道销售，而全彩产品更适合于工程销售，该企业的老板做出了目前看起来非常明智的选择，以单双色产品为主力，快速做透渠道、占领市场，通过业绩提升网罗人才，通过大量的技术和工程人才的引进，将全彩产品进行标准化，并通过渠道的力量来渗透工程市场，继而实现走向未来。在这一思想指导下，当年该企业的销售额在 2 亿元左右，截至 2016 年年底，该公司的销售额已达 20

多亿元，增长之快让人惊讶，可见，路径选择有多重要。

计算题：把目标达成与资源配置关系厘清

企业关于投入产出的决策不是凭空想象出来的，而要通过数据分析得出来，数据化决策已经成为企业精细化管理的基础要求。企业在选定路径之后如何实现目标，目标如何分解，利润空间、盈亏平衡点在哪儿等，如果没有一个数据化分析，那么决策就会茫然，花多少钱，办多少事，赚多少钱，这些要有个起码的数据支撑，有本明明白白的账。

计算题要做的就是把目标达成与资源配置之间关系理清楚，计算题的结论一定要能够为填空题指明方向。换句话说，计算题的结论应该告诉企业以什么方式，在什么时间，投入什么资源，做什么事情。所以说，如何计算很重要，我们要说的计算题不是简单的数字累加，而是计算背后的逻辑，这种逻辑是经营的逻辑。

在我看来，企业经营的逻辑存在着这样一种关系，**即客户价值背后隐含的是产品的价格，产品价格背后隐含的是产品的成本，产品成本背后隐含的是组织效率，组织效率背后隐含的是资源的整合方式。**其中，价格和成本是两个比较显性，也比较直观的要素。在分析和计算这两个显性要素时形成了两种截然不同的思路，一种是"成本决定价格"，另一种是"价格决定成本"。

① "成本决定价格"

"成本决定价格"属于正向推演，是假定以现有的组织效率和资源整合方式来提供客户价值。这种思路的基本做法：产品的成本如何，在成本不变的情况下找到企业目标毛利率水平，再确定市场上的售价应该是多少，至于按照这种价格市场的销量如何，谁也不知道，按照这种逻辑，企业的策略选择往往很有限。例如，为了降低产品成本就扩大生产规模，通过规模效应来降低成本或者是抬高与供应商议价的能力，获得成本的降低，或者是降低毛利率来降低价格以应对竞争对手的价格冲击，或者追加营销费用，如市场推广和品牌宣传，通过加大忽悠力度来推动市场销量提升。

"成本决定价格"是一种以自我为中心的思考方式，很多企业在大谈客户价值和客户导向时，在运营上却是按照"成本决定价格"来执行的，这必然造成企业家的想法和企业的做法产生冲突，对随后的运营策略也会造成一系列副作用。以目标分解为例，公司年度目标值怎么来的说不清楚，但是自上而下的分解过程却是有板有眼，深入了解，无非是博弈的过程，所谓的按照产品线、渠道、项目和区域等指标分解只是形式而已，这也成了很多企业管理上的一个痛点，每年的指标分解是管理层最头疼的事情。

② "价格决定成本"

"价格决定成本"属于逆向推演，以客户价值来探寻组织效率和资源整合方式的优化，是一种以客户价值为导向的运营逻辑。"价格决定成本"的逻辑是通过深度挖掘客户价值，确定一个极具竞争力的价格，让客户尖叫，然后围绕这个价格确定合理利润水平后，决定产品或服务的成本水平，根据成本来优化商业模式，去除虚高的水分和不合理的环节，继而打造出一个全新的运营模式，这种通过价值最终实现商业模式和组织运营方式的变革，与我们在商业模式设计上达成思路的统一。

"价格决定成本"逻辑是一切商业模式创新的原动力，为什么很多互联网企业敢于颠覆传统行业，原因就在于互联网企业的这笔账的算法与传统企业的账目算法是不一样的。这样说起来好像很难的样子，其实不然，只需要沿着这个思路，哪怕做出一点点优化和改变，都可能创造出全新的商业局面。

回归本源来讲，计算题依然是围绕管理客户价值来展开的，如果脱离这个核心，计算过程的"合理性"和"合法性"就会受到质疑。因此，**计算题有两个方向，一个是如果提高价格，需要如何投入；一个是如果降低成本，需要怎样优化。**

填空题：进行资源配置的梳理与全面安排

年度经营计划可以说是战略设计的体系中填空题的重要表现形式之一。而填空题是战略设计的最后一环，为战略实施和最终落地提供纲领和方向。填空题要做的内容包含组织架构的设计、关键人员的安排以及战略举措下具体项目计划的安排和资源保障措施等，集中表现在什么时间，做什么事情，谁来做，怎么做和如何评价。填空题对接的主要是各个职能板块或部门的战略规划内容，换句话说，从公司层面做完填空题，各个职能部门的职能战略就会很清晰。如果没有这一环，公司的经营战略和业务战略依然飘在空中，没有人能够接得住。

填空题这一部分内容如果要细分起来实在是太多了，不过战略层面的填空题，一定把握了大方向、大原则和大结构，具体的操作可以在战略实施环节进行细化。

通过对战略设计五个步骤五道题的分析，我们可以看出，能否解决好这五道题，直接决定了企业战略设计能否真正成功。在做战略设计的过程中，我们一定要把握好五道题的顺序，否则本末倒置，顺序不对，就可能会功夫白费。当然，战略设计五道题的最终检验标准是战略是否可行、可操作，而不是流程在形式上是否走完。

战略设计很重要，更重要的是战略设计的操作者，在进行战略设计的过程中，由谁来做什么题需要弄清楚。很多企业在遇到战略问题时聘请战略咨询公司的专家顾问，这是借力的一种很好的方法，但是，千万别把所有的希望寄托在咨询专家身上。明智的企业老板应该在选择咨询公司时聚焦在前两道题，后三道题牵涉太多内部的利益纠葛，需要企业家利用自身的智慧和决断，外脑在这方面只适合提供建议和参考，既没有能力也没有权力干预过多。

我认为最为理想的做法是这样的，判断题由专业的战略部门或外脑来主导，核心决策团队评审；应用题由专业的战略部门或外脑来主导，核心决策团队参与探讨；选择题由核心决策团队主导，外脑协助，各个职能板块负责人参与；计算题由核心决策团队主导，经营管理部门（或具有统筹管理能力的部门）操作执行，相关部门参与讨论；填空题由经营管理部门（或具有统筹管理能力的部门）主导，各个职能部门参与，核心决策团队在关键环节参与。

战略实施

战略实施是战略三部曲的最后一千米，是承接战略设计，落地战略思想的关键。战略思考的过程强调谋定而后动，然而，考虑再全面也有不足之处，因此，战略实施过程也是进行战略设计微调的过程，可谓知行合一，在设计中考虑实施，在实施中修订设计。

战略设计和战略实施是辩证统一的，如果战略设计不科学、不合理，战略实施得再好，都可能是在错误的道路上奔跑，只会是加速错误的选择。同样，再好再美的战略设计，如果没有有效的战略实施，也只是仅供观赏而已，并没有实际的商业价值。

战略实施从来都不简单，要直面人性的复杂和人心的多变，战略实施要想能够真正落实到位，需要企业有强大的执行力作为保证。说起执行力，很多企业家容易将执行力孤立来看，认为执行力就是员工的动力问题，并通过执行力方面的培训给员工洗脑。但企业家很快会发现，培训师的"心灵鸡汤"可谓句句在理，员工听课也是激情澎湃，不过，三分钟热度，没过几天员工又会恢复到以前的状态，其原因在于这种通过外部施加的影响力带来的短暂动力，是无源之水、无本之木。企业需要的执行力应当是有组织的执行力。

要想真正做好战略实施，需要理解执行力的三要素：方向、标准和保障。**方向**即战略方向是否清晰，不切实际的或者不被认可的方案难以达成共识，因此战略设计过程的参与度和共识度至关重要；**执行标准**是否严谨，该做什么，做成什么样子，对谁负责，尽量做到目标清晰，结果量化，在执行标准上没有太多可以讨论或者说存在着含糊不清的地方，简单一些，但是必须很严谨；**保障**措施是否到位，做成公司想要的样子，能够得到什么奖励，获得什么回报等，如果做不成公司想要的样子，会得到什么惩罚，有什么样的后果等，奖惩清晰、得失明确，那么剩下来

就是给予员工支持，关注员工表现即可。做不好这三要素，执行力无从谈起，这三要素是企业管理层要首先完成的。很多企业这三点没做好，就强制要求员工做好，要求员工具有执行力，这种典型的"管理层生病，员工吃药"的做法是不可取的。

如果说，战略反思考验的是企业家的逆商，要求其能够具备置于逆境而后生的勇气；战略设计考验的则是核心管理团队的智商，要求其能够具备一针见血抓住要领，系统规划擅长布局的能力；那么，战略实施应该是考验执行团队的情商，要求其在复杂的人际关系中游刃有余、张弛有度。因此，战略实施一定要选择一个乐于沟通、善于沟通的团队，善于把握人心变化，在原则和要求不变的情况下，推动事情往积极的方面发展。

三、战略突破的两个维度

以客户需求洞穿企业经营

"执一不失，能君万物"（出自《管子》），这一观点同样适用于企业经营。"站在客户立场看企业"是企业经营之道的主线，客户需求是企业经营系统的原点，应以客户需求来指引企业经营，否则，看起来再完善的运营系统都是虚构的，再漂亮的商业模式都是空洞的。

简单来说，企业经营的过程就是客户价值创造的过程。在当前的商业环境下，企业经营需要回答以下若干问题。

企业经营的核心是什么

企业作为营利性机构，实现经营业绩提升和利润增长是永远无法回避的话题。是不是追求业绩提升和利润增长是企业经营的核心呢？可以肯定地说，不是的。业绩提升和利润增长不过是市场认可后的一种表现，从财务上讲，企业的投资回报和投入产出，讲的都是投入和回报之间的关系，但是对于企业经营来说，投入和回报之间有一个至关重要的环节——市场。市场认可了，客户接受了，才会有收入或者说有合理的收入。

企业存在就是要解决问题的，这是共识。但是企业解决什么问题呢？这个问题在受到某种特定环境的约束下（竞争压力、库存压力等），答案十有八九都是如何将产品销售出去，如何布局渠道，如何制定销售策略，如何打通客户关系，目的就只有一个，把产品销售出去，把钱拿回来。如果按照这个逻辑打不通经营，很多时候，外部的市场问题就会转变成内部的管理问题、协同问题，部门之间相互扯皮，说不清楚。其实在企业经营中看到的很多问题只是问题的表象，而非本质，本质往往只有一个，那就是企业经营的核心应当是帮助客户解决问题，而非其他。

我始终认为：**经营的核心是推进客户的商业进程**。企业要始终关注客户经营绩效的提升，而产品作为这种理念的载体，必须根据客户的需要和问题的情况，快速做出修改和调整。然而，这说起来容易，做起来确实困难，内部常年积累的管理矛盾和营销人员长期形成的关系营销套路是难以转变的。但是，我们还是要清楚地看到，帮助客户解决问题才是企业经营的核心，是企业生存和发展的大趋势，是主流。

企业的经营策略如何制定

竞争是残酷的，在很大程度上左右着企业的经营策略制定。瞄准竞争对手的弱点，打压竞争对手的生存空间，建立自己的根据地，这是目前普遍的经营策略思路，竞争优势更多来自于同一领域、相似策略的绞杀，杀敌一千，自损八百，"剩者为王"。这种同质竞争中的疲兵耗战，使企业经营利润始终处于尴尬境地。拥有这种经营策略和想法的人，不是缺乏执行力，就是犯了方向性错误。

承接企业经营核心的话题，我们就不难看出，企业经营策略应该围绕客户做文章，帮助客户成长，提升自身的竞争优势（工业品）或客户的生活品质（消费品）。

对工业品来说，就是要走进客户价值链，找到客户经营的关键成功要素，并围绕客户关键成功要素提供服务，创造价值。2013年沈阳机床成立了尤尼斯工业服务公司，该公司从卖产品转向卖服务，不只是销售机床，而是提供从设计到建设整条生产线的解决方案。尤尼斯尝试以租代卖的形式销售机床，用户先付10%～20%的保证金，之后用每小时25～30元的费用购买这台机床使用费，不开机不付费，这种被称为"权益定价法"的定价方式，既解决了客户采购成本压力，同时建立起长期的合作关系，为持续创新客户服务方式提供入口。利乐包装与蒙牛的战略合作关系，也有类似的经营策略，利乐包装从蒙牛的产线规划、战略制定、营销策略、组织架构等全方位地为蒙牛提供服务和支持，免费提供大量的生产设备，帮助蒙牛快速做大，然后从利乐枕（牛奶包装）中持续获益。

对于消费品，就是要走进客户生活方式，找到客户生活中的痛点和痒点，创新产品和服务，深化与客户的关系。361°童鞋深度挖掘家长内心的诉求，通过将361°童鞋内置"防走失"定位器，家长可以通过手机App，随时随地查到孩子所在位置，通过App的大数据分析走进用户的生活方式，有针对性地提供增值服务，实现持续盈利。

角度不同会带来思路的大不同，我的一位做营销咨询的朋友向我诉苦，咨询越来越难做，究其原因，这是站在自我专业角度的产品思考，而非站在客户角度的价值思考。如果站在客户角度，我们就可以看出，客户的问题已经从单一的专业模块（短板）提升向整体系统方案提升转型，是顶层设计的需求，而不是某个专业模块的需求，那么，围绕顶层设计的系统方案制定和落地体系才是企业经营策略的主题。

企业的对手到底是谁

这个问题如果放在十年前，可能不会引起多大的争议。按照迈克·波特的五力模型中提出的观点，竞争对手大体上分为三类，分别是提供同类产品或服务的企业、提供替代产品或服务的企业，以及潜在的进入者。如果要问企业家，他们的竞争对手是谁？回答很明确，主要是围绕提供同类型产品或服务的企业，会列举出其所在行业的若干企业名称，而且还可以列出主要竞争对手和次要竞争对手。然而，在互联网时代，这种回答可能就会存在问题，对一家传统制造型企业来说，打败你的不是有形的同业竞争者，而可能是跨界打劫的互联网企业，也可能是其他。这样说，竞争对手如此虚无缥缈，是不是就没办法准确找到竞争对手了呢？其实不然，何为竞争对手，就是打败自己的一种力量，在我看来，竞争对手既不是有形的同业竞争者，也不是跨界打劫的互联网企业，而是客户不断变化与逐步提高的需求，更是企业创造客户更高价值的心理障碍与能力局限。

没错，**企业真正的竞争对手就是自身解决问题的能力**。要想立于不败之地，就必须不断提升自身解决问题的能力。从这个新时代角度来看，一切都可能变化，为客户提供解决方案，原有的同业竞争对手可能会变为自己的合作伙伴，而来势汹汹、跨界打劫的互联网企业可能成为自己的助推器。

企业的客户到底是谁

客户是一个很宽泛的概念，在传统商业词汇中，客户是使用企业产品并提供报酬的主体。但是在互联网时代，客户的概念在很多时候被用户取代，付费的往往不是使用者。因此，说清楚客户到底是谁，对于企业思考经营很重要。

对工业品生产企业来说，如果从产品交易的角度来看，企业的客户是明确的，其下游的企业更准确地说是客户的采购部门。但是如果从帮助客户解决问题的角度来思考，企业的客户就可能是下游企业的所有部门，另外客户范畴还会延伸到客户的客户，以至于要考虑到最终的消费者。对于消费品生产企业来说，以游乐园和童装市场最具代表性，企业的客户不但是孩子，还有孩子的家长，甚至是孩子的老师。

因此，我们在定义客户时，一定要从使用者、决策者和影响者等多个方面来给予定义，才能更精准，策略也会更加灵活多变。

企业的价值该如何创造

以客户需求来思考企业，通过贡献来明确企业存在的价值。价值创造的形式大体上有三种：第一种是推式，即通过设计或研发部门的努力，依靠技术的先进性驱动市场；第二种是拉式，即通过市场或销售部门的努力，根据市场客户的反馈升级产品，属于市场驱动；第三种是推拉结合，双驱模式，即通过营销和研发的高效互动，保持技术领先性的同时，紧贴客户需求。

每种模式都具有优缺点，对于推式模式来说，成功往往是颠覆性的，但是由于前期巨大的投入和不确定性，对企业现金流是极大的考验，那些有志于在技术上颠覆行业的企业家，只要具备资金条件，可以一试。对于拉式模式来说，成功的难度不大，也会赢得很好的市场口碑，维持良好的现金流。但是如何一味地迎合客户，可能会进入另一种极端，产品只具备战术性价值，而不具备战略性价值，一旦产品进入产品生命周期的S形曲线的成熟期后，极有可能增长放缓、后继乏力。对于推拉结合的模式来说，其均衡性是比较好的，既照顾到目前客户的技术需要，又保证技术上专业的领先性，但是这种模式对于企业内部的协同要求较高，横向协同尤其是研销协同，跨专业、跨部门和跨团队文化的协同是中国企业必须上的一门课。

以客户价值看破市场竞争

但凡成功的企业，都可以在客户价值上找到理论依据，但凡失败的企业，大多在客户价值上迷失了方向。那么，什么是客户价值？如果你是正序阅读本书，请你先暂停一下，思考一下你所理解的客户价值，并在纸上写下你的看法，然后再继续阅读。让我们来一次互动，一起探讨一下客户价值是什么，以及如何从客户价值的角度审视市场竞争。

什么是客户价值

价格竞争是常态，思考价值才有出路。那什么是价值，什么又是客户价值呢？"价值"在经济学理论中是一个效用概念，通俗地讲，就是花这个"价钱"值不值，本质上是一种心理感受和认知。客户价值不能简单地望文生义，即为目标客户提供价值，这样的理解没有任何指导意义，而是需要进一步深挖客户价值的内涵。客户价值在管理学界存在两种观点，分别是"加减法思维"和"乘除法思维"。

"加减法思维"认为客户价值大致由关系价值、产品价值、服务价值、榜样价值、技术价值和形象价值等六大部分组成，决定客户购买的不是客户价值，而是客户让渡价值，即**"客户让渡价值＝客户价值－客户成本"**，其中客户成本包含货币成本、时间成本、选择成本、生产成本和增值成本等。然而，这种"加减法思维"在实际应用中并不理想，原因在于客户价值大多属于定性指标，难以量化，而客户成本则是一个较为容易量化的值，这样得出来的客户让渡价值难以在不同厂家之间做出比较，没有比较，难以说明优势，容易将竞争优势的分析陷入一种混沌模糊的状态。

"乘除法思维"由营销教父菲利普·科特勒提出，他认为客户价值简单地说就是客户所得与所付出之比。我根据多年的实践经验认为，客户价值体现为综合价值效用与总成本的比值。客户价值可以描述为**"客户价值＝综合效用／总成本"**，并且，综合效用包含功能价值、情感价值和经济价值三个方面。即**"综合效用＝功能效用（X%）＋心理效用(Y%)＋经济效用(Z%)"**，其中，X% + Y% + Z% = 100%。乘除法思维聚焦的重点不在产品，而是以项目或系统解决方案角度来审视，强调通过企业营销增值服务为客户提供更优的效价比，而非性价比。

功能价值主要是体现在产品层面，如产品的技术先进性、功能稳定性和系统匹配性等；情感价值体现在服务方面，如产品全生命周期的服务、围绕特殊使用状况和使用习惯的设计、提供经营管理方面的增值服务、客户服务界面和客户采购过程中的体验等；经济价值主要体现在财务指标方面，如效率更高、能耗更低、市场份额增加、盈利能力增强等。通过客户价值的"乘除法思维"，可以很好地为企业内部相关职能部门的绩效改善提供指引，要想为客户提供独特价值，对于研发部门来说，产品的技术性能是不是超越竞争对手，产品的稳定性是不是超越竞争对手，产品在设计过程中与客户其他系统之间匹配性是不是更好，在设计上是否考虑到客户特殊的使用条件等;对于营销部门来说,在客户采购决定之前是否对客户需求有足够的了解,客户采购过程中是否提供了更有针对性的解决方案和更舒适的采购体验,在客户采购后是否有持续的服务和保障支持等;对于管理部门来说,是否设计了更为高效的流程和模式来降低产品或服务的总成本,客户响应体系是否优于竞争对手等。

将"乘除法思维"的价值理论应用最好的案例,我认为应属名创优品。名创优品是一家销售小商品(唇膏、墨镜、彩笔、挂坠等近 3000 种商品)的百货店,以低廉的价格、优质新颖的产品以及舒适的采购环境,赢得年轻女孩子的欢心。在互联网冲击下,传统渠道全面溃败的当下,名创优品从 2013 年起,在全球开出 1100 多家门店,实现了逆势成长。原因何在?名创优品的成功在于"三高一低",即高品质、高差异、高体验和低价格。高品质体现在名创优品通过全球优质供应商,通过缩短账期进行利益捆绑,实现与优质供应商的深度合作,保证产品质量;高差异体现在与日本设计团队合作,保证产品样式的独一无二;高体验体现在舒适的店面环境;低价格主要体现在商品直采的议价能力以及高效周转的供应链管理体系。拥有客户价值思维的企业,会在竞争中不断升级运营模式,例如,在终端零售方面,简单追求品牌和产品宣传的零售 1.0 时代,会逐渐向去品牌化转变,转向场景化,购物语言、环境视觉和社交技能等全面提升的零售 2.0 时代,让消费者从买产品向享受购物转化,这就是以客户价值为核心带来的变化。

竞争优势是什么

需求和竞争正如硬币的正反面,哪里有需求哪里就有竞争,只是竞争的强弱程度不同而已,竞争弱的领域是蓝海,而竞争强的领域是红海,并且蓝海也会不断变成红海。企业要想赢,就要有独特的竞争优势,这也是市场选择和客户认可的结果。客户为什么要选择你的产品或服务,而不选择竞争对手的呢?源自于企业所创造的独特的客户价值。因此,在思考竞争优势时,企业需要从三角关系出发,即客户、企业和竞争对手。

管理学者乔尔·厄本尼和詹姆斯·戴维斯设计了一个既能聪明使

用又简单的工具帮助实施这种评估，称为"三圈分析"，如图 5-1 所示。

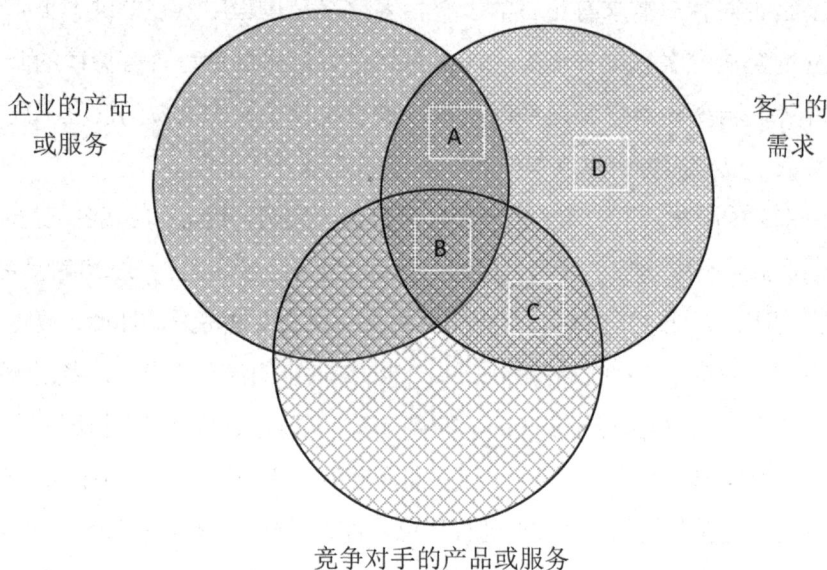

图 5-1　三圈分析法

第一个圈：最重要的客户或者客户区隔需要或希望从产品或服务中得到什么。厄本尼和戴维斯注意到，即使在最成熟的行业里，顾客也不会在与公司的对话中清楚表达自己的所有需求。因此，在对竞争优势进行初级阶段的分析时，顾客没有表达出来的需求可能经常成为增长机遇。

第二个圈：客户如何认识公司提供的产品或服务。第一个圈和第二个圈的重叠程度表明公司提供的产品或服务在多大程度上满足了客户的需求。

第三个圈：客户如何认识公司的竞争对手提供的产品或服务。第一个圈和第二个圈的重叠程度表明竞争对手提供的产品或服务在多大程度上满足了客户的需求。

- A+B 区域：我们有效的客户价值区域；
- B+C 区域：竞争对手有效的客户价值区域；
- A 区域：我们的差异在哪里；
- B 区域：我们与竞争对手的相同之处；

- C 区域：竞争对手的差异在哪里；
- D 区域：客户尚未被满足的区域。

杰克・韦尔奇在《赢》一书中认为，要制定有效的竞争策略，必须对竞争对手的一举一动准确把握，就像坐在竞争对手会议桌旁那样。这个观点听起来很有道理，但是说起来容易，做起来却困难重重，甚至在操作中要违背商业道德，也未必得到真实的情况。如果我们换一个角度思考，或许就会没那么麻烦，又能实现目的。

竞争对手本质上是企业自身解决问题的能力，在上述图中可以表示为"D+C 区域"的问题。因此，企业在思考竞争优势的时候，应当以需求为主线，竞争为辅线，而不是咬着竞争对手不放，结合客户价值来思考市场竞争和竞争优势，竞争优势就是要保持客户综合效用与总成本的比值大于竞争对手的这一数值。所以，要时刻关注竞争对手在效用和成本方面的战略性举措，主要包括三方面内容：**第一，技术创新，是否存在着通过技术创新改变产品的功能和结构，带来客户体验的根本性改变，这方面华为的红蓝军对抗就是典型，对技术创新的可能性寻找预案；第二，商业模式创新，是否存在着通过商业模式创新改变客户体验的方式和经济感知的转变；第三，运营模式创新，是否存在着通过运营模式创新极大提升效率降低成本，带来价格的大幅度下降。**如果竞争对手没有通过技术创新、商业模式创新和运营模式的创新带来客户价值的改变，只是降价冲击市场并不可怕，因为这种所谓的"客户价值"具有不可持续性，理性的客户也会认识到真相。

四、战略突破的五个路径

战略突破就是持续的、系统的转型升级，必须记住一点：**转型不是转行，升级但不要跳级。**每个行业潜力都是无限的，只要我们换一种思维、换一个角度去思考，用互联网思维去看待传统行业，大有可为。另外，升级不是跳级，不要急于弯道超车，要立足企业或行业发展的成熟度，快慢结合，张弛有度。

从低端品牌向高端品牌转型

随着中产阶级和 80 后、90 后年轻一代的崛起，正如前文所说的那样，消费主流正在向精品主义、极简主义和个性主义转变。不是精品，不是他们想要的，他们不会掏腰包，消费这类低端的产品带不来任何乐趣，可以说，低端品牌是没有未来的，更加贴近消费者的高端品牌才是未来的主流。消费者的这一变化直接或间接地影响着整个商业世界的变化趋势，这也是发达国家走过的老路，也是大趋势。

对经营低端品牌的企业家来说，迫于现实的经营压力，一只脚深深地踩在现实的泥潭中，另一只脚一定要坚定地迈向未来，向高端品牌挺进，如果停滞不前，只能是深陷泥潭。低端品牌的低附加值会拖垮企业的整体经营体系，尤其是制造型企业，内部成本不断提高，不进则必然后退，即使把规模做得很大，企业的造血功能也是薄弱的。

在国内企业中，汇川技术向高端品牌转型升级让我印象极其深刻，汇川技术从生产销售中低压变频器起家，在当时的中低压变频器市场上，外资高端市场份额达到 85%。面对变频器市场几乎被高端品牌垄断的局面，以英威腾为首的多家变频器生产企业，采取营销驱动模式，通过复制国外的高端产品，走低端化的路线，由于价格优势，这些企业创立初期就获得了高速发展，很多企业也成功上市。但是汇川技术的创业团队创业初期并没有走国内这些竞争对手的路子，而是选择高端路线，明确表示要替代国外品牌，瞄准的不是剩下的 15% 的市场空间，而是以空前的气魄和胆量去挑战 85% 的市场份额，他们坚信高端品牌才是未来。到目前为止，业绩也证明了这一点，截至 2016 年，汇川技术的营业收入和利润双双飘红，总营收达到 36.6 亿元，较上一年度增长 32.11%，利润总额达 10.4 亿元，较上一年度增长 15.27%，业务也从最初的变频器发展为今天的五大事业集群，分别是工业自动化事业部、工业机器人事业部、新能源汽车事业部、轨道交通事业部和工业互联网事业部的集团型企业。当汇川技术拥有今天的成绩时，再回头一看，原有的竞争对手有些尽管规模很大，但是一直处于生存边缘，挣着血汗钱（利润水平与工人工资基本持平），在勉强支撑着。

当然，向高端品牌挺进，不是简单的口号，是要持续投入，不断追加投入，尤其是在产品的研发方面，华为、汇川技术以及青岛特锐德等以技术创新为重，走高端路线的企业，在研发上的投入都保持在营收 8% 以上的水平。反观国内大中型企业，研发投入普遍不足 1%，而国外则是 3% ~ 5%。据有关数据表明，研发投入低于 1%，为创新严重不足；1% ~ 3%，为创新一般；3% ~ 5%，为创新能力较强；5% 以上的为创新力极强。可以看出，中国大多数企业还在走低端化路线。

高端品牌就要做到高附加值，赚的是有钱人的钱，要想赚有钱人的钱，就得有更高的客户价值体验，企业无论从产品性能，客户服务界面还是客户采购体验上等多方面要下足功夫，寻找突破，找准自己的价值创新点。

从产品经营向服务经营转型

辛辛那提大学特聘教授、工业 4.0 问题专家李杰做了一个形象比喻：产品的价值就像蛋黄，由此衍生出的服务却是更大的蛋白。**可见的东西价值是有限的，不可见的价值却是无限的。** 根据德勤会计事务所 2006 年发布的一项数据显示："对全球顶级制造企业的研究中发现，制成品在顶级制造企业销售收入所占的比重仅有 30% 左右，而服务以及零部件业务的比重超过 70%。"

对德国 200 家装备制造企业的利润情况调查结果表明，200 家机床生产企业的总销售额大约 434 亿欧元，其中通过新产品设计、制造和销售环节的销售额大约占 55%，但是利润率只有 2.3%，其余利润几乎都来自服务环节，仅备品备件一项所获得的利润就与整个产品设计、制造和销售环节获得的利润相当，因此围绕服务产生的利润已经远远超过了制造产品产生的利润。

国内的很多企业已经开始认识到服务的价值，也在琢磨如何向服务经营转变。

以东方航空为例，中国东方航空股份有限公司目前拥有 400 余架飞机，年承运旅客 7000 多万人次，旅客运输量排名全球第五。目前，东航正在实施向服务经营转型的关键时期，旗下两大业务，客运正在由传统航空承运商向现代航空服务集成商转型，集航空运输、旅游、酒店、商贸为一体，为旅客提供门到门的服务；货运正在由航空货物运输企业向航空物流服务转型，集运输、仓储、装卸、加工、整理、配送等环节提供完整物流服务。

GE 旗下的飞机发动机公司在 2005 年将公司名称改为"GE 航空"，这代表着业务模式的转型，原来的发动机公司只做发动机，而改名后的GE 航空则提供运维管理、能力保障、运营优化和财务计划的整套解决方案，还可以提供安全控件、航管控件、排程优化和飞航信息预测等各类服务，由服务带来的价值空间更大了。

那么到底产品经营为主导的企业和服务经营为主导的企业有什么区别呢？以制造型企业为例，产品经营为主导的企业，产品是主体，服务是衍生品，企业的"贡献"聚焦在产品的品质、产量和成本管控上，追求的是以自我为中心，而服务经营为主导的企业，服务是主体，产品是载体，企业的"贡献"聚焦在保障客户使用和客户价值，强调以客户为中心，追求解决方案就是答案。

卡特彼勒是全球工程机械行业的领军者，卡特彼勒在思考企业到底"贡献"什么的时候，认识到客户购买工程设备是为了赚钱，通过反思，卡特彼勒对自己的定位进行了调整，不再以产品经营为主导，而是向服务经营为主导转型，保障客户的持续赚钱的能力才是卡特彼勒的价值所在。类似的案例还有米其林轮胎，明确自己的价值并不在于生产高质量的轮胎产品（这是基础），而是要保障客户在使用米其林轮胎的过程中安全、可靠、省油、舒适，因此，米其林进行了转型，与英国的巴士公司合作，提供持续的保障方案，按照车辆的使用里程，过程由米其林负责维修和更换轮胎，而不是一次性采购。

服务经营是有层次的，不同企业在服务经营的层次上是有所区别的，服务经营根据服务的范畴不同，分为以下三个层面。

第一个层面，关注产品本身，基于产品使用的管理和配套。代表企业是OTIS，通过OTIS电梯远程电梯维护系统，远程监控保障产品使用的稳定性。**第二个层面，关注使用过程，基于服务深度挖掘的管理。**代表企业是小松机械，通过康查士系统，为客户提供远程监控外，在使用过程中提供实时的操作建议以及根据客户使用过程来优化产品。**第三个层面，关于运营过程，基于客户运营全过程的潜在需求的管理。**以问题为导向的解决方案制定能力以及顾问角色来解决客户问题，团队人员的能力趋于综合化，不仅仅是商务方面，还要有技术方面，更要有管理方面的知识体系。代表企业是汇川技术和利乐公司，通过专家服务团队深入客户价值链，共同开发、共同面对市场以及帮助客户提升管理水平等。

向服务转型让IBM起死回生。1992年，IBM作为全球最大的计算机制造商，账面上（税前）竟出现了90亿美元的赤字。究其原因，既不是因为互联网的冲击，也不是作为产品的战略问题，而是由于IBM自身过于庞大的组织体系。1993年4月，由于经营不善，公司的元老级人物约翰·埃克斯被免去了总裁职务。为了力挽狂澜，IBM跨行拜帅，聘请了路易斯·郭士纳担任新一任总裁。然而，郭士纳上任之后并未将IBM解体，而是让这个庞然大物成了服务型企业。郭士纳将IBM定位成"为顾客提供解决方案的服务型企业"，并大力推行。一系列新政策诞生，如降低大型机等主力商品的价格，借此赢回市场份额；舍弃单纯的纵向一体化模式，推行开放式战略，从公司外部采购零部件；以团队形式向顾客提供综合性解决方案。通过服务明确了方向，优化了组织，同时将

IBM 打造成为一个开放的平台。

从低维经营向高维经营转型

"高维打击低维"是小说《三体》中提到的一个概念。在市场竞争中，向来都是降维打击，即高维经营打击低维经营，而且低维经营毫无还手之力。何为高维经营与低维经营？高低维经营是相对的，如果相对于仅有陆战（一维），那么高维经营就是海陆空天（四维）一体化作战。

举个简单的例子，以陕汽重卡为例，企业经营的维度分为三个层次：第一个层次是生产标准产品，研发设计完成后交由制造生产，最终交由营销销售，产品型号统一、规格统一；第二个层次是生产定制产品，客户在标准产品的基础上根据特定的使用状况，提出设计调整要求，根据客户要求生产具有一定个性化的产品；第三个层次是生产全新产品，陕汽重卡通过"天行健"车联网平台和"车轮滚滚"服务平台，通过"四网合一"等技术手段，可实现物流供求信息为主体的信息智能调度，致力于卡车的全生命周期及用户使用全过程的系统解决方案的平台搭建及信息管理。通过打造开放、透明的信息管理平台，公司持续为重卡用户提供全套的高效节能的物流车队管理解决方案。可以看出，陕汽经营的三个层次的经营维度不断提升，竞争能力与客户黏性也是逐步增产，标准产品肯定是打不过"产品＋服务"的高维组合，"产品＋服务"也是打不过"系统解决方案"的高维组合。可以说，升级维度，也是在升级竞争力。

再举一个简单的例子，相对于传统制衣企业，青岛红领所采用的"C2M+O2O"模式则是高维经营，在保证产品成本增加10%的前提下，提供定制化的正装。另外，类似的案例还有家具企业的尚品宅配和美克美家，汽车行业的长安汽车。家具企业尚品宅配可以从款式设计到构造尺寸的个性化定制，还能实现整体家具的三位体验。美克美家也能进行个性化定制的实践（美克美家联合 IBM 和苹果设计开发了多款基于

MobileFirst 项目的移动 App，其中包括帮助设计顾问更好地为消费者服务的 SalesConsult、设计一体化呈现的 HomeVisit、实现动态管理的 DynamicBuy 等。）长安汽车在官网上已经实现了新型 SUV 的个性化定制，定制参数包括颜色、外观装饰、内饰、发动机和天窗等。

对于许多传统行业来说，来自互联网的攻击势如破竹，这种攻击往往不是市场份额高低问题，而是生死攸关的问题。传统行业依然会有市场，但传统商业思维已经被边缘化了，传统商业价值也在逐步萎缩，这就是高维商业模式与低维商业模式的比拼。用友，从卖软件到 SaaS 服务再到运营服务，从管理软件到云服务再到金融服务，最后实现金融、云服务和管理软件的融合创新发展，用友实现了从低维到高维的模式变迁。

在低维向高维转型升级过程中，企业要面临和处理的问题也会越来越复杂，解决复杂问题是中国企业未来的必修课，是摆脱不了的，如果想生存下来，就必须具备更高维度经营的能力。当然，一定将复杂问题简单化，否则便是模式的失败和管理的失败，复杂问题必须先要从商业模式上寻求解决思路，再在战略上寻求实施套路。

从分散经营向聚合经营转型

分散捕捉机会，凝聚产生力量。分散经营有分散经营的好处，例如，对于外部市场机会的感知会比较强烈，每一个业务单元独立运作，自主经营拥有更高的决策权和自由度，但同时也会带来治理模式和管控模式的混乱，造成集团旗下的多个业务之间协同起来比较麻烦，本来是一家，但是出于各自利益的考虑，在经营上容易产生各自为政的现象。

在我服务的多家企业中，分散经营的类型有多种，按照科班教科书的观点叫作相关多元化和不相关多元化，相关多元化的情况就是通过并购整合上下游企业，降低企业之间的交易成本或者通过并购企图获取新的竞争力，不相关多元化的情况就是通过投资、并购与原有业务不相关的公司，试图实现业务延伸，进入新的市场。无论哪种情况，很多都存在着分散经营的情况，例如，某家医药公司上市以后有了钱，开始大举扩张，并购上游医药包材和医疗器械等业务，由于不同企业文化的冲突，原有业务保持独立经营、自负盈亏，按照利润中心实施财务管控，这样一家从外部看来是一个完善的"纵向一体化"，但是，集团向下辖各家公司属于典型的分散经营，并没有根本改变原有交易成本降低的效果，反而给管理增加了难度。作为这家企业的顾问，我针对他们的问题，分析发现业务与业务之间的内在逻辑关系缺乏一个清晰的结构性关联，属于一字排开、各自为战，并且在公司层面缺乏一个统一的模式来统筹多个业务的协同发展。我将该公司的战略地图分为两大板块，一大板块以大输液为主，进行渠道销售的产品圈；另一大板块是以腹膜透析液为主，进行终端客户销售的产品圈。形成结构清晰且相互独立的两大业务集群，相互支持且相互独立，在品牌上相互呼应。以两大业务板块来重构企业的业务架构，实现明确的关联关系和对应关系，为战略的进一步深化提供清晰的蓝图。

整合资源容易，聚合资源难。企业可以整合的资源很多，但是是否能将整合过来的资源发挥出应有的能力，这就是战略的力量。即使你从全球最牛的公司聘请顶级的人才，也不能保证你一定能胜出。要想成功，需要让这些顶级专家围绕公司共同的目标和使命，以共同的价值观为指引，相互配合协同作战。在市场遍地机会，开店就赚钱，办厂就盈利的时代，分散经营没有问题，每一个业务都可以吃饱喝足，但在当前的经济形势下，如果不能将多种业务有效聚合，浪费无形的资源，建立不起来市场竞争力，那么，被市场淘汰也只是时间问题。如果连自己内部的多个业务都聚合不起来，谈高大上的概念为时尚早。

从大众产品向利基产品转型

你要做第一还是要做唯一，这是一个很有意思、也很关键的战略选择。大众产品和利基产品在战略选择上，存在诸多明显的不同：**第一，大众产品总在追求第一，精益高效是主题，利基产品一直追逐唯一，创新求变是主题；第二，大众产品经营的主线是围绕竞争，正面对抗与红海肉搏，利基产品经营的主线是围绕客户，另辟蹊径与出奇制胜；第三，大众产品追求广域覆盖，洒向人间都是爱，利基产品追求的细分覆盖，情有独钟；第四，大众化产品获利水平有限，以行业平均水平为准，善于薄利多销，利基产品获利水平较高，超额回报，擅长厚利经营；第五，大众产品的差异化体现在运营效率上，修炼内功为上，功能组合和执行力是关键，利基产品的差异化体现在客户价值上，修炼外功为上，解读客户价值是关键。**

对于大众产品来说，无论是在总体市场占比还是区域市场占比，如果你做不到第一，你会始终被牵着鼻子走，很难掌握竞争的主导权。大众产品是一片令人痛苦的红海，竞争残酷，产品同质、价格肉搏、策略差异小、模式大多雷同，赢者更多依靠强大的执行力或内部的高效运营，企业运营的主题难以回到客户价值上来，竞争逼迫你喘不过气来，尽管你宣称客户第一，其实竞争告诉你赚钱才是硬道理，压迫上下游寻求生存空间是最常见的做法。

另外，更糟糕的是企业做得越大越是远离客户，企业内部永远是围绕竞争在转，不断翻新竞争策略，而对客户视而不见。与之相对应的是利基产品。利基产品就是试图做到唯一，与大众产品运营思路截然不同。利基产品一直在寻找差异化的产品定位和客户价值，满足客户不同寻常的需求，与客户的亲密度较高，很多创意"从客户中来，到客户中去"，能够根据目标客户的要求对产品进行优化和取舍，企业经营一直在追求客户未被满足的需求，始终在创造一种全新的客户体验，同样是卖咖啡，星巴克把它做成一种生活体验；同样是做服装，ZARA把它做成了快时尚。利基产品专注小众市场，利基市场的崛起也是市场经济走向成熟的一种标志，也是整体经济发展的一个趋势。

从大众产品向利基产品转型，就是从竞争向需求转变；就是有"把小企业做大，大企业做小"的新思维，在寻求规模的同时，又像小企业那样思考和灵敏；要放弃"忽悠"客户，与客户产生"共鸣"与"共振"，放弃改变客户的做法，探索客户潜在需求和内心深处潜藏的认知。

第六章

抓手二：组织变革

在中国市场上，受制于企业的技术能力和创新能力水平，寻求产品差异化是极其困难的，加之产品可以快速被模仿，产品差异化的动力也是个问题。然而，没有差异化就没有竞争优势，企业的差异化更多体现在模式（经营模式和管理模式）上，而要让模式的差异化能够成立，更多依靠的是组织能力。

组织是什么？在不同人眼中是完全不同的，对某家企业来说，在企业内部组织意味着等级；在管理学家眼中组织意味着资源整合方式；在咨询师眼中组织意味着结构和功能；在供应商眼中组织意味着客户；在客户眼中组织意味着品牌……在此，我并不打算分解许多企业组织架构的优缺点，毕竟那是不同企业特定发展阶段的历史产物，不具有普遍适用性，我要做的是探寻组织运营的基本内在规律，为公司组织变革提供可以触发思考的见解。

一、组织模式决定管理效能

金刚石和石墨的化学成分都是碳，称"同素异形体"，它们具有相同的"质"，但"形"或"性"却不同，且有天壤之别。为何金刚石与石墨间有这么大的差别呢？金刚石，俗称钻石，金刚石结构中的每个原子与相邻的四个原子形成正四面体，每一个碳原子之间都是紧密结合的，它们相互支持和依赖，形成一种致密的三维结构。正因这种致密的结构，才使得金刚石成为自然界中最坚硬的物质，素有"硬度之王"和宝石之王的美称，非常珍贵且价值很高。而石墨是碳质元素结晶矿物，为六边形层状结构，网层间的距离大，是最软的物质之一，像我们常用的铅笔笔芯就是由石墨制作而成的。

金刚石与其他的碳同素异形体之间的差别是由碳原子结合方式的不同而引起的。不同的表现源于不同的组织方式，这让我联想到两次车臣战争的差别。1994—2001 年，俄罗斯与车臣之间先后进行了两次车臣战争。两次车臣战争，俄罗斯都是进攻方，但是两次战争的战果却差别巨大。

两次车臣战争中，第一次车臣战争采用大规模"全面覆盖"的战略战术，强调规模制胜，资源从上到下配置，在面对"市场"的快速变化时，这种战法使内部资源调度难以聚焦，而在第二次车臣战争，利用信息化技术，充分发挥一线特种部队的资源调度权，强调精准高效，资源从前线向后端拉动资源投入，资源的投放量和方向以及可能产生的结果之间，因果关系明确，责任界定便非常容易，这种战法让一线从被动接受指令向主动呼唤炮火转变，根本改变了"组织"的运作模式。

组织的核心密码在于经营

两次车臣战争战果悬殊，关键在于俄军及时进行策略调整及对战争资源的重置，从强调中央指令向一线决策转变，从强调管理控制向"回归经营本质"转变，"赢"才是组织最为重要的评价指标。组织的属性其实比较特别，组织问题既是经营问题，又是管理问题。

组织的核心密码在于经营，而很多企业谈及组织的时候，很容易陷入从管理角度出发来思考问题的怪圈，这一点就连华为也不例外。

华为在组织变革初期，任正非按照传统的套路，提出要缩短流程，提高效率，减少协调，使公司实现有效增长，以及现金流的自我循环。然而，这一套思想单纯地强调精简机关、压缩人员、简化流程，这一想法遭遇一部分华为高层管理团队成员的反对，没有顺利推进。直到任正非在听取北非地区的报告后，看到北非地区采用了完全不同的打法，北非地区营销人员努力做厚客户界面，以客户经理、解决方案专家、交付专家组成的工作小组，形成面向客户的"铁三角"作战单元，有效地提升了客户的信任，深度理解了客户需求，实现良好有效的交付和及时的回款。至此才明确以北非地区为范本，确立了以一线作战需求为核心的组织与流程变革，任正非称之为"这是将指挥所放到听得到炮火的地方"。

这套完整的思想在 2009 年，任正非在销服体系奋斗颁奖大会上的讲话中得到了完美的诠释。任正非指出："我们后方配备的先进设备、优质资源，应该在前线一发现目标和机会时就能及时发挥作用，提供有效的支持，而不是拥有资源的人来指挥战争、拥兵自重。谁来呼唤炮火，应该让听得见炮声的人来决策。"

这就是称为"让一线呼唤炮火"的组织模式，该组织模式主要分为四个层面：第一,三人突击小组：将原来由客户经理一人面对客户的模式调整为以客户经理、解决方案专家和交付专家组成的三人工作小组，打造一线铁三角；第二,以本地区域的财务专家、法律专家等组成的重装旅，提供后援支持；第三,以地区负责人和片联组成片区参谋长联席会，进行区域规划和区域改革；第四,由本地区技术层面的专家组成的海军陆战队，作为区域特种部队深入客户内部。

任正非认为，华为从以技术为中心，向以客户为中心的转移过程中，如何调整好组织，始终是一个很难的题目，这种难题应该是所有企业在转型过程中都会面对的问题。我认为，**在思考组织问题时，一定是先思考经营，而后思考管理**，切不可颠倒，更不能单纯从管理角度发力，容易陷入穷兵黩武、疲兵耗战的窘境。唯有抓住经营问题，回归经营本质，方可牵住组织的"牛鼻子"，才能更加有序和高效。

在一次培训中，一位学员问我，他们公司的组织架构该如何设计？到底是用矩阵制还是事业部制，还是其他什么模式？这是一个非常宽泛的话题，落实到具体问题，原则和原理只能作为背后的指导思想，解决问题还是需要务实的方法论。为此，我明确告诉他，组织模式的形式不是最主要的，最重要的是看业务需要什么样的组织。

随后，我反问了他三个问题：**第一个问题，你们公司目前哪个业务最赚钱；第二个问题，你们公司未来想在哪个业务上赚钱；第三个问题，不同阶段的业务重点之间的差别在哪里。**他用了 10 分钟左右的时间，算是思路比较清晰地回答了这三个问题，我最后告诉他，分析他们公司的组织模式，要从时间和空间两个维度来看，目前阶段，围绕你赚钱的业务把功能设置好，把主价值链和辅助价值链的功能确定下来，同时，面向未来，做好前期的人才储备和资源储备。确定这个基本的思路后，我告诉他，他们公司组织架构应该如何调整的基本原则和要求，把大方向确定好后，剩下的主要是平衡内部的利益方关系即可，是能接受存在某些局部不合理的，抓住主要矛盾和矛盾的主要方向是关键。

在企业经营中，组织建设存在三种不同的思路：**第一种是追求形式上的架构，注重外在功能组合，这是很多没有具体业务经验的人力资源主管惯用的思路；第二种是强调内部人事布局，注重内在利益的分配，这是很多管理者尤其是善于在人事上布局的领导惯用的思路；第三种主要是从业务需求和价值创造角度出发，关注企业盈利能力建设，这是来自一线管理者的思路，他们更清楚业务到底要的是什么，组织应该是什么样的。**

从我个人的经验来看，组织就是要支撑业务发展，始终要为企业赚钱服务的，如果做不到这一点，企业架构就会出现偏差，会存在很多名字听起来不错，但是没有实际价值，或者说看起来挺重要却始终发育不起来的部门。脱离条条框框的约束，回归经营的本质来看组织，组织结构就会异乎寻常的简单，调整的思路也就自然清晰了。

组织不在于形式而在于能力

管理学家戴夫·欧瑞奇所言，组织的本质不是结构而是能力。当我们谈及所崇敬的公司，如 IBM、苹果、华为、谷歌等公司，没有人会关心其组织中的角色、规则和流程这三个曾经被视为组织结构的三要素，相反，我们佩服 IBM，是因为其以前瞻的思想、创新的科技、深刻的商业理解和诚信的服务推动各行业的持续现代化；我们佩服苹果，是因为其永不间断地设计出令人惊叹的产品；我们佩服华为，是因为其贴近市场的创新能力、持续满足客户的解决方案和技术服务能力；我们佩服谷歌，是因为它创新和重塑行业的能力。一句话，人们记住一个组织，不是因为它的结构，而是因为它的能力。

这种能力意味着企业如何创造和如何传递价值，是企业身份的象征，是人力资源管理实践的成果，也是执行商业战略的关键。因此，在进行组织变革时，要从组织需要实现的目的和传达的价值来构建组织的能力。从顶层设计角度思考组织，就是要从赢和经营绩效方面出发，着重考虑以下几点。

组织与员工

组织是一种资源的整合形式，最终表达为一组能力，而非形式主导，体现为一群人的有机组合，组织的价值在于成就个人，通过发挥人的长处来成就其商业目的，就是要通过有组织的努力，让平凡的人创造出不平凡的成就。同时，企业还需要认识到，在信息网络时代，组织越来越需要人才，而人才却越来越不依赖于组织。正如丹尼尔·平在《自由工作者的国度》一书中所说："现在的趋势是，组织更加需要有才华的人，而有才华的人没那么需要组织了，这是互联网时代的高效生活。组织需要人才，而人才不再那么依赖于组织。"你的组织一定要给人才留下的理由。因此，在进行组织架构设计时，一定要结合员工来谈组织。

第一，业务是核心，客户价值是基准，这是组织设计不能动摇的。

第二，因岗设人和因人设岗要结合起来，给人才空间和时间，在组织设计时一定要善于变通和灵活处理。

第三，建立起优秀人才上升通道，让人才吸引人才，形成一种可以获得学习和成长的工作氛围，让工作本身充满乐趣。

第四，一定要强化赋能的基本功能建设，让人才在组织中可以发挥出更大的价值。

分工与协作

组织是一个动态、复杂的系统，是一个分工与协作的体系，企业的成长历程就是一段工作不断细化与整合的历史，是不断驾驭更为复杂分工与协作体系的过程。

组织的目的就是要让企业更快、更高效、更贴近客户，建立起以市场为导向的"层次清晰、反应灵活、功能完善、协调有力"的组织结构。同时，通过组织架构、流程、激励机制和人才队伍的打造实现"前中后、上中下"有机组合的组织体系，打通企业内部价值链，构建起研、产、销协同体系，快速响应客户需求和竞争需要。

因此，组织不但要在组织功能上强调无缝对接，还需要在人才上设置专家团队。成功的关键往往是这些专家与其他人合作，以形成一个和谐整体的能力。这一点在企业实际经营中，通过各个业务板块负责人的薪酬就可以看出来了，多个板块的负责人收入是不是相当，如果不是或者差别较大时，所谓的协同只不过是企业家的一厢情愿而已，责权利不对等基础上的协同都是不持久、不健康的。

功能与效能

企业经营要卓有成效，成效即成果，企业要产生实际的功效，实现功能与效能的有机统一。功能如同企业的硬件部分，是企业运营的基础条件，而效能则是企业的软件部分，通过适当的机制和制度以及文化等方面的作用，使得功能结构发挥出应有的作用，我们常说的定岗定编就是完成功能架构，而分权、薪酬与考核机制，企业文化建设等都属于效能范畴，让功能架构体系朝着机制牵引的方向前进。

将功能与效能区别对待，有利于企业在组织变革中明确需要改进或改变的地方，是架构出现问题还是机制出现问题，还是两者都需要做出调整，调整的顺序会很容易梳理。

行政与市场

引自德鲁克先生的观点：当今社会依然会存在等级结构的组织，所有宣称等级结构必死的预言都没能实现。在我看来，无论工业时代还是互联网时代，组织都不可能自动自发地配置资源，**实现资源配置的方式来源于两种力量，一是市场的力量，二是领导的权威**。影响组织架构的这两股力量也会始终存在，组织架构的运行机理上要尽可能地促使纵向行政力与横向市场力有机统一。目前来看，能够将市场力和行政力有机融合的组织模式当属矩阵式组织，这种组织模式有多种优点：**第一，既保证了市场力量的精准传递，又兼顾了行政与专业的力量；第二，既保证战略方向的统一性，又保证资源配置的合理性；第三，既满足战术的需求，又兼顾了战略的考虑；第四，既满足专业的纵向发展，又能满足横向的协同和价值输出**。然而，这种组织模式在中国企业中应用成功的企业并不多，汇川技术在这方面的经验值得借鉴，在横向上形成行业线和产品线，在纵向上形成多个事业部和职能部门，形成纵横交错、紧密配合的内部协同网络。

组织存在的意义就是在"外部"取得成果，因此，行政力和市场力不应该是角力，而应该是在时间和空间上合理分工。行政力用于面向战略进行资源配置，左右的是战略性资源，是面向未来发展的，是让企业明天有饭吃。市场力是面向营销战术进行资源配置，左右的是战术性资源，是面向现实生存的，是让企业今天有饭吃。两者有机结合才能真正实现短期和长期的和谐发展，让见利见效和未来意义真正落地。

二、组织模式变革的三个基本方向

"市场化网络组织"取代"管控式科层组织"

科层制组织与时代渐行渐远

科层制组织是科学管理时代的产物，是始于 20 世纪初期并为企业广为认同的组织管理模式，形式如同金字塔。科层制组织是一种基于集权和分工的管控式协作体系，既要保证分工的高效率，又追求中央集权的管控体系。这种组织模式有着突出的优点，同时，也具有与生俱来的缺点。

科层制组织的优点：第一，规模效益突出，劳动生产率高；第二，结构稳定，层次分明；第三，分工明确，职责清晰；第四，对外依赖性比较小，决策执行力强；第五，人才丰富，有大量熟悉这种管理理念的管理者。这种组织模式尤其适用于品种少、批量大和标准化程度高的产品制造。将这种模式发挥到极致的，典型代表如福特汽车、通用汽车和富士康等。

科层制组织的缺点：第一，关注纵向专业发展，横向协同机械化；第二，标准化要求高，个体约束强，不利于个性解放，员工更像螺丝钉，对体力工作者尚且可以接受，但是对于知识工作者来说是一种煎熬；第三，职责分工上"分内事"与"分外事"之间泾渭分明；第四，管理层次多，管理成本高，决策周期长，对市场响应速度慢，容易产生"只为上不唯实"的问题，只重视领导想法，对实际情况和实际需求关注不足；第五，部门间各自为政，跨部门协同困难，在面临多个专业协同配合和灵活应对变化时，显得死板笨拙；第六，价值评价模糊，价值标准公允性不强。总结下来，科层制组织刚性有余而弹性不足，专业有余而协同不足。

在移动互联时代，科层制组织适用条件和理论基础开始发生动摇，竞争加剧、客户需求升级以及知识工作者逐渐成为主流，企业只有对外部的变化保持高度敏感，并且还要能够有组织、有体系，灵活机动地满足市场需求，才能持续存活下去，显然，这种看似简单的要求对科层制组织来说，是一道难以跨越的坎，组织的转型升级势在必行。

以轴承制造企业为例，该企业是轴承行业的龙头企业，作为多年体制下的产物，其科层制组织模式的特征明显，中规中矩、按部就班地生产着产品。然而，随着市场的变化，个性化定制和系统解决方案诉求的加剧，从企业的经营模式来看，存在着两种截然不同的模式，一种是围绕标准产品（标品）的经营模式，强调专业化、标准化和规模化，计划性强；另一种是围绕定制产品（非标品），强调快捷化、个性化、定制化，小批量和动态性极强，两种模式同时存在，两种类型的产品都有市场。随着时间的推移，非标品占据的比重越来越大，原有适用于标品的科层制组织模式出现了各种不适应，组织内部负责产销协调部门的工作量和工作内容急剧增加，并且在原有的组织模式下，基于标品的经营模式造成了大量结构性过程，库存居高不下，而且组织机器根本停不下来，处于"饮鸩止渴"的经营状态，企业内部产销失衡现象突出，原有以"计划经济"为主导的科层制组织架构，在"市场经济"面前力不从心，寻求组织变革，进行顶层设计的需求越发紧迫。在这样的情况下，我应邀担任该公司的顾问，然而，在这种"积重难返"的境地来推进组织变革，其中的难度无以言表，只有经历的人才能知道其中的酸甜苦辣。

网络化市场组织代表未来的主流方向

在互联网时代，科层制组织模式会向什么样的组织模式演变呢？我想，取而代之的应该是"网络化市场组织"，网络化市场组织具有以下几个适应时代的新特点。

第一，市场导向，以客户价值为核心，这种导向必须落实到组织上，而不能停留在口号和思路上，价值和效率是组织永恒的主题，要不创造全新的客户价值，要不就是打造全新的运营效率。

第二，组织方式网络化，资源整合机动灵活，无固定形式，评价标准是唯一的，即如何多快好省地创造客户价值。

第三，团队作战，形式多变，资源快速聚散，目的性强，有效性高。

第四，任何组织内部的团队存在都以业绩评价，业绩是评价其生存与发展的准绳，没有业绩团队就没有存在的理由。

第五，刚性的职能划分与柔性的组织协同同在，组织边界清晰，却接口丰富，相互配合毫无障碍，极少存在毫无价值的管控环节和不必要的"红绿灯"，后台和管理部门所掌握的大量资源会向一线倾斜。

"网络化市场组织"与"管控式科层组织"作为两种不同的资源整合方式，**"管控式科层组织"关键要点在于：职责、预算、计划、目标、层级和标准等；"网络化市场组织"关键要点在于：客户、协同、分享、需求、团队、任务、灵活和能力等。**这两种模式的差异源自于以下三大核心原因。

第一，"动力源"不同

"动力源"从内部转向外部，从靠"推力"向靠"拉力"转变，从"行政命令"向"客户主张"转变，权力逐渐从领导层向一线转变，打破决策瓶颈。

面对无限、多变的市场需求，即使再细分的市场，单一的、标准的产品都已经无法满足客户的需求，僵硬的"管控式科层组织"只能加剧结构性过剩的矛盾，而不能从根本上缓解供需关系一体化过程中的结构性矛盾。在有限的组织能力和无限的客户需求之间矛盾日益扩大的互联网时代，创新企业与客户之间的链接方式变得越发重要，"管控式科层组织"显然不能很好地满足这一要求，自娱自乐只能自绝于市场，而围绕客户需求的"网络化市场组织"以其灵活的组织方式、市场化的协作机制，将逐渐成为未来的主流。

第二，"评价值"不同

"评价值"正在从"领导说了算"转向"客户说了算"，任何组织、团队和个人，存在的理由有且仅有一个，那就是创造价值，评价的标准就只有创造了多少价值、解决了多少问题、实现了多少改善，而不是生产了多少产品、做了多少事情、编写了多少文件等。

员工的价值评价大体分为两大类，一类是为客户的价值创造做出了多少贡献或者说创造了多少客户价值，另一类是为未来客户价值的创造做出了多少准备，明确了导向，也就明确了管理思路。

第三，"产出物"不同

"产出物"正在从"标准产品"向"非标产品"转变，从"生产导向"向"市场导向"转变，企业的核心功能也在从"销售"向"营销"转变，组织内部功能大调整，销售部门将被市场部门所取代。对工业品来说，市场部门人员的技术含量大大提高，而对快消品来说，市场部人员的产品品牌策划能力要求会更高。企业的产出物也在从低附加值的标准产品逐渐向高附加值的非标产品或系统化解决方案转型。价值产出成为核心，市场的声音会洞穿组织，围绕最终产出的努力将成为所有岗位或部门工作的主旋律。

"开放式平台组织"取代"封闭式官僚组织"

对组织行为学有过了解的读者都会知道，官僚组织不是一个充满贬义的词汇，而是指强调纵向管控的组织体系，这种组织体系在特殊时期有着独特的力量，如可以"集中力量办大事"，对官僚体制的威胁至少有这样四个：第一，快速且无法预料的变化；第二，规模不断扩大；第三，现代技术的复杂性；第四，一种基于合作与理智的权力新概念。在面对互联网时代动态变化的外部环境时，强调政令统一、整齐划一的封闭的官僚组织模式，正在被日益开放的组织形态所取代。

"封闭"是官僚组织最大的特点，其组织模式主要目的在于遏制风险，而不是寻找机会，组织内部往往是铁板一块，外部资源难以进入，即使进入也难以消化，企业在应对市场需求时主要靠内部资源的自循环。这种封闭性特征不仅是在组织资源的整合上封闭，在业务经营上往往缺乏冲击力，人员的思维和理念更是具有封闭的特征，很多优秀的人才在这类组织中经过一段时间的"磨炼"，渐渐失去对市场的感知，擅长处理内部关系，而缺乏对外部的开拓和进取精神。

上下级存在极强的依附和从属关系，忠诚远大于能力，人际关系的处理是员工晋升和加薪等职业生涯关键事项的重要指标，在这类组织里，条条框框规定较多，经营策略的"规定动作"远多于"自选动作"，员工价值评价"定性指标"远多于"定量指标"，业务能力的强弱体现的难度较大，这在很大程度上也压抑了创新的火种。这种组织对于创新性人才和崇尚自由平等的知识型工作者来说，是一座无形的"牢笼"，是对其人性的压抑和束缚，但是对于习惯于按部就班，擅长人际关系处理的人来说却是难得的"天堂"，我们不能厚此薄彼，不能因为强调创新就忽视了规则的重要性，也不能因为强调自由平等就轻视了人际关系的价值。但是，作为一名企业经营管理者来说，人际关系要有度，但是创新无止境，因此，在创新的探索上，企业必须在组织机制上予以保障。从这个角度来看，平台型组织具有得天独厚的优势。

能将平台型组织的优势体现出来的，最佳的案例无疑是青岛海尔。海尔组织形成三级经营体，分别为一线经营体、平台经营体和战略经营体。

一线经营体主要包括研发、生产和市场等三类经营体，这类经营体直接面向市场，端到端创造用户需求和价值，分类是按照端到端的全流程来进行的，在每一大类经营体下又会分成若干个小的经营体，这些经营体独立核算，充分激发出一线经营体的创新创业激情。平台经营体主要包括财务、战略、企业文化、人力资源、供应链等平台型经营体，这类经营体划分的依据是其管理职能，在海尔内部称为FU平台，每一个主要职能模块被细分为不同的经营体。

平台经营体是一级经营体的资源平台、流程平台和专业化服务平台。

战略经营体主要包括以张瑞敏为首的海尔最高层决策者，其使命是创造全球用户资源，实现第一竞争力目标。其主要职责是对内负责协同、经营和发展经营体，对外发现新的战略机会，主要负责制定战略方向，解决内部协同问题和发现新的市场机会，同时为经营体配置资源，帮助一线经营体和平台经营体达成目标。

海尔特别强调要将各级经营体之间的连线打通，即"纵横打通"。纵向打通指的是把二、三级经营体链接起来，三级经营体要融入二级经营体，二级经营体要融入一级经营体；横向打通则是把员工和顾客链接起来，一级经营体需要扎根于顾客的土壤中。结合海尔的 HOPE 平台和 COSMO 平台，最终将海尔建设成为顾客交互平台、内部创客平台和整合全球资源平台为一体的开放性平台组织。

与海尔类似的经典案例，当属 GE。GE 公司是美国通用电气公司的简称，由爱迪生创建于 1878 年。GE 公司 2013 年的运营额为 1468 亿美元，净利润超过 136 亿美元，资产达 6853 亿美元，员工人数有 30 万左右，在世界财富 500 强中排名第 24 名。

GE 公司的业务和办公地点遍及世界各地 100 多个国家，业务范围包含塑胶、医用系统、发动机、交通、电力、照明、信息服务和金融服务等许多领域。它是世界上最大的制造公司之一，营业额和市值在制造业均为世界第一，公司资产于 1981 年相比增加了 27.4 倍。

1981 年，GE 第 8 任总裁兼董事长杰克·韦尔奇走马上任时，公司的总资产 250 亿美元，年利润 15 亿美元，GE 似乎是一家令人羡慕、财务健康、运转正常的公司。然而在杰克·韦尔奇看来却存在很多问题，其中最为严重的是人员机构臃肿、管理层级复杂、层次过多、灵活性低，僵化的官僚气息更令他头痛。官僚作风吞噬了组织对变化的嗅觉，它让"GE 穿上水泥鞋与对手竞争赛跑"。

杰克·韦尔奇从上任起，就一直致力于打破这种官僚机制，将 GE 改造成一个真正的无边界组织。具体措施是将各个职能部门之间的障碍全部消除，工程、生产、营销以及其他部门之间能够自由流通，完全透明；融合国内业务和国外业务；把外部围墙推倒，让供应商和用户成为一个单一过程的组成部分；推倒那些不易看见的种族和性别樊篱；把团队的位置放到个人前面，实现"工作外露"（WORK-OUT）计划，倡导群策群力、团队精神等。最终，将 GE 与其他世界性的大公司区别开来。

组织模式开启"平台 +"模式，平台作为支撑、服务与核心运营管理职能的单元，支撑价值创造单元的效率最大化。平台不仅具有对内资源激活的功能，也具备强大的对外资源整合的能力。很多人谈及平台，都会提及海尔、阿里等企业的组织模式，但是，平台和平台之间差异往往是巨大的，即使在同一个领域，由于商业模式的不同，对平台的认识和理解也是不同的。这里重点讲一下，在 B2B 电商市场上，存在几种典型的平台型组织，如阿里零售通、京东掌柜宝、中商惠民等。其中，阿里零售通采用类似于阿里巴巴的模式，自己搭台，别人唱戏，轻资产的运营模式，为厂家和小终端之间建立起来的交易平台，尽管其重金打造菜鸟网络，不过是为交易平台提供服务而已；京东的掌柜宝，与京东商城的模式类似，采用自营的物流体系和仓储管理体系，商品直采自营，属于典型的重资产运作模式；中商惠民，目标客户为城市社区超市，专注城市社区便利店，通过强大的配送能力，为城市社区便利店提供配送服务。可以看出，即使在同一个领域，不同的定位和商业模式，对于平台的定义是存在巨大区别的。

"聚合型有机组织"取代"离散型机械组织"

"离散型机械组织"的概念形成于为某医药企业做管理咨询的过程中，该公司是一家上市公司，上市以后随着企业的资金充盈，企业在战略上更为大胆，不断进行着纵向并购，先后收购了多家上游供应商企业（医疗设备、包材等），然而，在对该企业进行战略分析时，发现该公司所下辖的多家子公司各自为政，相互之间缺乏有效的衔接和联动，分公司之间平行并列，甚至于在资源上相互争夺，整体公司并没有围绕某一个核心形成有效的系统，这无疑是对资源的极大浪费，并没有实现其并购的初衷。

这样的组织应该怎么调整呢？我想一定是要走向聚合型有机组织，

可谓资源整合容易聚合难。在本人《升级你的营销组织》一书中，就已经提到过未来的营销组织一定是有机性营销组织，当我们放眼整个企业，尤其是集团型企业，不但要是有机性的，更要是聚合型有机组织，这种提法，我想更能适合这个时代。

这种思想放到企业中，我们可以将其理解为组织运营效能，无独有偶，我在给某中型卡车制造企业做咨询服务的过程，进行标杆研究时，也再一次验证了组织运营能力的重要性。在欧美重卡企业中，能够在剧烈的行业周期波动中连续保持70多年盈利的企业只有两家：帕卡和斯堪尼亚。进一步分析，我们发现，这两家企业采用的是完全不同的战略，帕卡的业务战略：业务专业与高效管理的低成本战略。以"轻资产"模式整合产业链资源，实现"快周转"，确保其在卡车业务上一直维持在12% ～14%的毛利率水平。而斯堪尼亚采用的业务战略截然不同，其业务战略：高度协同的纵向一体化战略，通过产业链的一体化协同效应和差异化的产品使其在主流重卡企业中拥有最高的毛利率水平。通过对比发现，帕卡和斯堪尼亚虽然采用完全不同的成功路径，但是两家企业具备相同的特点，那就是高效协同的内部运营。显然，打铁还需自身硬，如果我们企业内部都难以高效运营，又谈何资源整合，谈何组织效能呢？

三、组织变革需理清"飞机五三角"

企业组织不过是一群人在一起形成的一种社会关系，因此，如何在组织变革过程中处理好多种角色之间的关系，直接决定组织变革的成败。

前三角：董事长、总经理和营销总监

看一家企业成长性如何，关键要看三个人，分别为董事长、总经理

和营销总监，这三个角色都是企业的高层管理者，他们之间的关系以及对于业务的见解，对于一家企业的业务发展来说，可谓至关重要，到底该如何理清他们三者之间的关系呢？

首先，董事长是企业的一把手，其存在必须有战略的高度，如果一家企业的董事长只是某种形式的存在，那么在进行战略决策时，企业就会面临诸多挑战，一旦核心角色缺失，就会有多种相互制衡的角色博弈，伤害的最终是企业自身。因此，企业董事长一来要具有高瞻远瞩的视野和大气磅礴的格局；二来要有严密的思维轨迹和深厚的知识结构，也就是说要有足够的广度和深度，才能够更好地把握事情的本质，抓住关键要点。

其次，企业总经理的角色很有特点，是企业高层中承上启下的关键，也是资源整合的实施者，在企业内外部之间建立起组织的市场化整合，围绕市场需求，形成资源的策略性安排和落实。总经理必须是一个全才，然而在现实世界中，总经理的出身往往决定了总经理在担任这一角色上的缺憾，如财务出身的就比较容易从财务数据的角度看待问题，而忽视事情真实的来龙去脉；如营销出身的就比较倾向于把握机会，而忽视后台体系的建设，顾此失彼的现象比较严重。因此，担任总经理的角色，需要跳出原有专业化的局限，以全局的思维去面对局部的问题。

最后，营销是企业的火车头，是发动机与驱动器，如何才能引导企业不断开疆拓土？营销总监的智慧与勇气至关重要。面对企业发展，营销总监需要完成市场的总体布局和规划，是战略战术化演绎的体现者，把公司的战略意志充分体现在市场的规划和布局上，另外，营销总监还需要把市场与竞争的需求内化为组织功能建设的要求，促进和引导组织功能的有序有效建设。

可见，董事长、总经理和营销总监，三个角色的沟通以及相互理解具有全局性和系统性的影响，三者如果能够分工清晰又能相互配合，则可打通经营与管理的任督二脉，实现上下前后之间琴瑟合音。

右三角：营销、制造和研发

对制造型企业来说，营销、制造和研发是三个核心的价值创造部门，这三个部门要实现张弛有度和步调一致，需要明确以下两个关键点。

建立起何种导向的经营模式

对于组织运营来说，将资源聚焦于前端，强化组织拉力；还是将资源聚焦后端，强化推力；还是将资源聚焦于前后端，强化推拉结合，将产生截然不同的市场表现和经营结果。第一种模式将资源聚焦市场，营销、制造和研发三角关系中营销就是龙头，一切以营销为号令，制造响应营销，研发响应制造；第二种模式将资源聚焦技术推力，研发是核心，技术领先性是企业的关键；第三种模式则将资源用于市场和技术两个方面，实现推拉结合，驱动市场与市场驱动相结合。

建立起部门协同的三大机制

部门协同除了确定导向之外，还需要配套相应的管理机制，至少包含三方面机制。

第一，利益保障机制。要实现研产销一体化，前提就是利益一体化，其次才是目标一体化，最后才能使价值观一体化，如果做不到目标一体化，利益保障机制不到位，协同就只能是一句口号了。

第二，沟通协调机制。这是在出现异常的情况下，如何高效解决问题的协同机制，如定期或不定期的会议制度，谷歌在这方面可谓典范，其特有的站立式会议和一张比萨的会议规则，就是要保证协同的高效。

第三，管理控制机制。也就是说常规的事情要有一套完整计划预算管理办法，什么时间做什么事情，花多少钱，谁来配合等要有清晰明确的计划和预算。

左三角：总裁、财务和人事

产研销所确定的三角关系反映了市场驱动的快速协同机制，侧重于经营与运营模式的匹配，那么总裁、财务与人事的三角关系则反映了企业长期的体系建设与机制构建，侧重于管理模式的提升。财务与人事安排更多是决定了公司长期的经营战略与规划。

财务机制的整体设计与安排，反映了公司的总体经营战略，是大拓展还是小拓展？是重稳健还是轻稳健？都反映出公司顶层设计的基本策略。三张基本财务报表反映出公司的当前的状况，资金的流向、流量与流速既反映了公司短期策略，又可以反映出公司的长期战略部署与投入，因此，财务与安排要围绕着公司的顶层设计展开，例如，对研发的预算，对培训的预算，对市场调研与规划的预算，都会反映出公司顶层设计的基本思考。有胆略与视野的总裁一定会引导财务总监，在财务策略与机制的安排上与时俱进，紧密围绕着企业顶层设计的规划，调整快慢节奏与步骤。

人力资源的整体机制与状况同样反映出公司的顶层设计思考，面对新时代与互联网文化，熟悉网络的知识工作者，将不再是成本，而是企业最大的资源，如何才能以全新的时代理念去构建人力资源的体系？如何才能有效且不断创新人力资源的管理机制？如何才能高效且批量培养德才兼备的干部？如何才能把控住"招、用、育、留、淘"五大环节的分寸？这一系列问题，不断着挑战着总裁与人力资源总监的智慧与魄力。

后三角：老板、职业经理人和元老

在很多企业，尤其是民营企业，有三个角色的关系非常微妙，那就是老板、元老和职业经理人之间的关系。创业元老历史功勋卓著，在小团体内部具有极强的威信和掌控力，不经意间就陷入"倚老卖老"的职业怪圈，元老们的这种职业作风逐渐失去了创业阶段的激情和豪气，没有了学习的热情和冲动，取而代之的是各种利益斗争，老板碍于情面或者受制于经营风险，对许多创业元老是敢怒不敢言，加之很多人沾亲带故，虽有不满但是不敢轻举妄动。然而，元老的状态，对于持续承受经营压力和不断学习成长的老板来说，是越来越厌恶和难以承受，摆在老板面前最好的选择也就成了如何通过"增量来调节存量"，通过引入职业经理人来达成"鲶鱼效应"。职业经理人是完全不同的职业生态，大多受过较好的教育和较为丰富的职场经验，加之受到职业化的培训，具备较强的职业精神。对很多老板来说，职业经理人恰如一股职业清流，对引入职业经理人后的事业规划和人事布局有了更多和更高的期待。

职业经理人带着诸多"光环"进入一家企业，但是，能坚持到最后的职业经理人并不多，伴随着职业经理人离开公司时的各种表现，我们不得不反思，如何处理好老板、元老和职业经理人三者的关系。

对企业元老来说，这一个角色比较特殊，如果他们没有公司的股份或者无法享受到与公司成长同步的收益的话，元老们的作用会伴随着公司的成长发生变化，从动力源变成一股强大的阻力，因此，企业老板无法跟元老们谈太多的人生道理和职业抱负，没有太多的情怀可言。对于这些人，企业老板最该思考的是如何形成利益分享机制，让他们的"心和神"一直在公司的立场上，而不是某一个部门的利益立场。

接下来，就是要说清楚企业老板和职业经理人的关系了，有几点总结如下：**第一，职业经理人关注结果，企业老板关注后果；第二，职业经理人关注问题，企业老板关注体系；第三，职业经理人关注当下，企业老板统筹未来。**然而，从问题解决的建设性角度来看，无论老板还是职业经理人都需要做出调整和改变。

老板必须认识到以下几点。

第一，给予职业经理人必要的帮扶。在入职初期，多种复杂的关系需要深入了解才能从容应对，在职业经理人没有充分了解之前，要做好铺垫，让职业经理人软着陆，不能用力太猛。

第二，给予职业经理人必要的信任。这种信任不是放手不管，而是切割好边界，设定好规则，把是非对错的评判标准约定好，在规则内大胆放权，给予充分的支持。

第三，给予职业经理人必要的协助。老板习惯于评价和评估别人的贡献，但是对职业经理人来说，要生存下来，是需要老板的支持和理解的，尤其是在初期，老板不要扮演监工的角色，而是要充分发挥其领导力，在征服职业经理人的同时，帮助其适应和成长。

职业经理人必须认识到以下几点。

第一，先立功再立言。没有成绩之前，尽量少去发表你的高论。业绩或者成绩才是职业经理人的终极尊严，也是赢得支持和信任的关键。更不要急于改变老板的想法和思路，职业经理人尽管有丰富的经验与高深的理论都必须本土化，不要用自己的标尺来度量老板。职业经理人要通过市场的力量和经营的业绩引领老板的思维转型。

第二，先融入再融合。一家企业的成功必然有其道理，不要一开始就拿自己过去企业的那一套来试图改变某家企业，不现实。职业经理人进入一个新组织，就要学习、了解老板的心路历程和成长史，了解企业的业务特点和企业文化，先融入进来，再根据需要有计划、有步骤地推进新方法的落地，逐渐融合。

第三，先共识再见识。共识是双方的，见识更多是单方面的，如果没有共识，再强大的见识可能都是没有价值的，所以，见识很重要，但是共识更关键，共识就是要让你的见识来影响别人，从多种矛盾中找到共赢的那个点，这需要职业经理人较高的职业素养，能够在错综复杂的矛盾中，抓住运营的核心命题和关键逻辑，精准且快速地打破僵局。切忌一上来就一头扎进管理的怪圈，用自己的见解来要求别人。需要从业务下手，通过拉动来带动组织，而不是靠管理去推动。管理推动者有且只能是企业老板，这点必须认识清楚。

道理很容易阐述，但是真正执行却没那么容易，需要谅解和包容，要知道经营权和所有权对立的问题，是很容易产生博弈和矛盾的，所以，要用市场化的眼光看待现实的问题，不能脱离现实的理想化，更不能忽视市场的内部消耗。所以，我们要能够认识到，无论是国有企业、家族企业还是合伙制企业，首先它是一个"企业"，然后才具有其他前缀属性。对待这些企业必须用市场化的机制和视角来审视，要以共同的利益来追求共识共享，而不是一步陷入内部的利益和权力纷争。

中三角：高层、中层和基层

一家经营高效、管理有序的公司，组织内部一定是看起来平淡无奇的。因为每个人各司其职，纵向和横向之间配合井然有序，这其中就包含高中基层之间的分工与协作。高层领导负责公司战略，确保体系的统一性；中层负责策略演绎，确保应对变化的灵活性；基层负责具体落实，确保执行的刚性。因此，围绕高层、中层和基层的三角关系，最为关键的应当是明确各自的职责，方可上下一盘棋。大体总结下来，高中基层的主要职责如下。

高层的核心职责

如果要列举出高层领导在企业经营方面的三件事，我想应该是：**第一，公司战略方向和定位；第二，资源配置体系和机制；第三，核心能力打造。**当企业高层把公司的战略方向和定位说清楚，就抓住企业经营的灵魂，企业经营的其他事项才能够纲举目张，其次就是打造资源配置体系和机制，整合资源并且保证资源整合的效果，最后就是打造核心能力。

高层领导一定要有创业者意识，不但要全面思考企业如何成功，还要理性思考企业可能在什么情况下失败。一方面从空间和时间上全面思考系统问题和关键成败问题，另一方面还要抓住成败的瓶颈要素，可以说，系统的问题、关键成败的问题以及瓶颈问题，才是高层领导最应该，也只能由高层领导予以关注的事项，抓住这几方面的事情，则思路清晰、大局稳定，而一些细枝末节也不会有太大的影响。

中层的核心职责

高层负责决策，基层负责执行，然而在决策和执行之间，是存在鸿沟的，这条鸿沟既深又宽，需要强有力的中层进行策略演绎，把想法最终变成成果。另外中层管理者对于组织文化的建设和传承也是不可或缺的。这里要重点强调一下，在互联网时代，一些拥有先进理念的互联网公司在去中间层，面对这样的做法，具体问题具体分析，尤其是制造型企业一定要慎重。

基层的核心职责

基层的核心职责在于执行，然而，基层员工又恰恰是问题线索的第一接触人，是最先听到炮火声的层级，因此，基层员工在负责执行的时候，一定要带着问题和想法去执行，不可一味地按照规则和标准，要以创新思路解决问题，在领会上级领导管理思路的过程中，不但要用力，更要用心，具备执行力和创新力的双重能力，让自己变成一个可以做化学反应的单元，而不是只是做机械运动的"机器人"。

简而言之，高层关注的是方向，中层关注的是方式，基层关注的是方法。高层追求的是效能，中层追求的是效果，基层追求的是效率。

第七章
抓手三：管理升级

管理理论是科学，而管理实践是艺术。管理学家强调原则和原理，是源自于实践的提炼和归纳总结，经营管理者强调方式和方法，强调实现目的的技巧和套路，面向解决问题，是在一般规律下的演绎。

一、管理要为绩效负责

说起管理，第一时间进入我们意识里的应当是大会小会、各种计划、各项制度、各项规定和要求、各种考核奖励等，这些都算得上管理活动，但是要界定管理的内涵和外延显然是不够的。那到底什么是管理呢？似乎与战略一样，管理的定义也是千差万别。

科学管理之父弗雷德里克·泰罗（Frederick Winslow Taylor）认为，"管理就是确切地知道你要别人干什么，并使他用最好的方法去干"；赫伯特·西蒙说管理就是决策；德鲁克说管理是一种实践，其本质不在于"知"，而在于"行"，其验证不在于逻辑，而在于成果，其唯一权威就是成就；法约尔说管理是计划、组织、协同、控制；明兹伯格说管理是分析、洞察力和经验的三角组合；罗宾斯说管理是指同别人一起，或通过别人使活动完成得更有效的过程；陈春花说管理要为绩效负责；包政说管理就是要解决分工后的协同问题；有些专家说管理就是管人理事……

从定义上看起来差别很大，不过是角度不同而已，但是内在要求的管理要有效思路的。正如管理史学家钱德勒认为，企业的效率、财富的创造，来源于专业化分工基础上的协同，来源于管理的有效性，而不单纯来源于资源配置的方式。

管理是什么并不重要，重要的是管理要有效。普拉哈拉德认为，当一个管理群体试图再造自身时，把注意力集中在经营成果上是非常关键的，不注重经营成果的变革就像放任自流。管理必须为绩效负责，这是管理的目标，也是管理的最终追求。

绩效 = 权力 × 能力 × 动力 × 信息

管理要为绩效负责，那么绩效是如何产生的呢？在为某公司进行的一次培训会上，围绕绩效问题，我一共提出三个问题，第一个问题："入职的时候，你想做出一番成绩来还是想找个地方混日子的？想做出成绩的请举手！"在场的近 200 名员工，几乎都举起了手，可见入职的时候，想做出成绩的几乎达 100%，并且入职时员工的一些豪言壮语并非故弄玄虚。那么，接下来是第二个问题："觉得自己如预期那样做出成绩的请举手！"现场举手的人也就十多人，仅占总人数的 5% 左右。接下来是第三个更具互动性的问题："你觉得没有达到你预期绩效的原因是什么？"这个问题让现场学员七嘴八舌起来，我让大家轮流发言，然后，我将大家的观点进行归纳和总结，问题大体集中在以下几个方面。

首先，比较集中的话题就是，很多员工身居一线，觉得很多事情或问题应该这样处理，但是领导却认为员工想得太多，太不切实际，然而，领导对很多事情又不太明白和了解，再加上很多问题申请的审批流程超级复杂，一拖再拖。这样一来，员工看到问题，也想到了办法，但是由于没办法调动资源，事情就搁浅了。对这类问题描述很多，我最后做了个总结，我说，出现这类情况，在影响你们绩效的事情上，是不是你们根本没有权力主动处理，而更多是需要领导支持和领导安排地被动处理？说到这里，大家都点头表示认可。那么，可以说，没有与自身绩效相关的权力或者权力受到限制，是影响绩效产生的一个关键因素。为此，我在白板上写上大大的"权力"两个字。

其次，"权力"一词写在白板上，很多管理者按捺不住了，一些主管或部门经理发表观点，他们认为很多员工能力不足，是造成他们成绩不佳、绩效落后的主要问题，很多员工是有想法，但是能力不足，他们也不敢轻易授权；这时候，人力资源部门负责培训的主管也发表了看法，他认为确实很多员工由于在行业内的资历比较浅，综合能力确实还需要提升，这也是他们培训部门需要继续努力的地方。一番简短而略带有火药味的讨论以后，我说，不论如何，看来很多员工的能力不足是客观存在，至少要说，我们企业员工的能力还有待提升，是这样吗？这一点，又一次得到了认可，我继续在白板上写上另外两个大字"能力"。

再次，我并没有让大家再继续讨论下去了，而是发表我的观点，我认为，员工的能力确实各有差异，但是与能力相对应的一个概念，就是动力，如果你的机制不能激发员工的积极性，不能让员工产生内驱力，即使员工有能力，他们也会选择保留，甚至消极怠工。管理者必须考虑的就是我们能否在机制上保持员工的积极性，能否通过有效的明规则，形成明确的奖惩与晋升淘汰机制。所以说，动力足不足，也是一个不可忽视的因素，为此，我在白板上大大地写上"动力"两字，这一次，台下一阵阵窃窃私语，能够感觉到大多数人的赞同。

最后，我说有了"权力""能力"和"动力"这三个够不够？台下一下子变得非常安静，我坚定地表示，仅有这三个是不够的。为什么？管理是要为绩效负责，管理要管人理事，你必须对"所管之人，所理之事"非常了解，否则，你只是按照经验，拿着你手里的权力，拥有把事情做好的良好动机，但是最终结果可能是事与愿违的，因为，你对事情的来龙去脉，对管理对象的变化动态缺乏了解，对管理标的信息缺乏透彻把握，没错，就是信息不足。尤其在互联网时代，一切变化那么快，过往的经验之所以失效，就在于变化太快，所以，"信息"的真实与否，是你决策和选择明智与否的关键，也是绩效高低的重要影响因素。接下来，我在白板上写下了"信息"两个字。

此时，在白板上有"权力""能力""动力"和"信息"八个字，这四个方面对于绩效影响都是至关重要的，但是它们之间不是加减法关系，而是乘法关系，即"**绩效 = 权力 × 能力 × 动力 × 信息**"。管理要想产生绩效，就要给予相关责任人赋权，或者在权力上给予支持，持续提升能力，保持员工旺盛的斗志和正确的动机，并且保证获取真实的信息。这几个方面也可以作为检验公司管理机制和制度的重要参考和指标。因此，可以说，**管理并不是要刻意激励员工，而是尽力在多个维度上找到让员工意兴阑珊的原因，然后强有力地消除这些因素。**

管理，就是要卓有成效

管理就是要卓有成效，德鲁克所言，管理不在"知"，而在"行"，其验证不在于逻辑，而在于成果。管理不是要企业管理者谈大道理，也不是追求精彩的逻辑演绎，而是要产生实实在在的业绩，唯有业绩才有尊严。理论的学术价值不容置疑，但是只有得到市场验证，才有真正的商业价值，这一鸿沟要管理来打通，通过卓有成效的管理来实现。管理是有一套基本的逻辑思考的，接下来对于管理的有效性解读，结合自身的管理实践，我总结如下。

业务发展是管理存在的唯一理由

管理要为绩效负责，不以经营绩效提升为目的的管理都是不负责任的。经营问题思考的是供求关系和竞争优势，继而决定你在哪个领域用哪些策略，满足哪些客户需求，以何种方式竞争等。而管理，则围绕竞争优势发育核心竞争力，通过有组织地努力打造企业独有的竞争力。换句话说，管理就是要为资源配置的有效性负责，让投入与产出之间的关系更为合理。经营是管理对错与优劣的评价标准，管理要始终围绕着业务来开展，否则就是无源之水，无土之木。

管理活动如果不能为业务增值，那么这个管理活动本身就是多余的，就是在浪费资源。以绩效管理为例，绩效管理是一项关键的管理活动（体系），当很多企业管理者在探讨绩效管理时，会情不自禁地研究绩效管理的各种方法论，如360度评价、MBO（目标管理）、BSC（平衡计分卡）、KPI（关键绩效指标）、OKR（目标与关键结果）等绩效管理方法，这是一些典型的套路，是经验的提炼，但是作为实践者，我是很少直接借用这些管理方法的，我深知这些管理方法的局限性。

例如，KPI主要是围绕岗位职责来确定关键绩效指标，也会围绕一些总体经营指标来分解，灵活性比较低，在体力劳动或者做机械运动的岗位上较为适合；MBO主要围绕目标来做分解，对目标的"合理性"提出了极大的挑战，并且在执行过程中对"合法性"提出质疑之声较多；OKR相对比较灵活一点，强调最终目标和过程阶段的关键性结果，做什么清晰，怎么做主要靠发挥人员的主观能动性，对知识型工作者更为实用，而对体力劳动者就难以起效；BSC主要是适合于上市公司或者管理体系极其规范的公司，简单借用难以承受，反而会造成混乱；至于360度评价，这对于企业文化的要求极高，如果不具备透明、开放、诚信等企业文化，360度就会很有可能成为拉帮结派的工具……这些工具都很好，但是单纯从管理出发思考管理，就可能陷入一种方向迷失的误区。

我们常说，管理是一盘永远下不完的棋，管理只有找到自己的主线才能有的放矢，以营销体系为例来说，如果没有清晰的经营策略和营销策略，考核往往会是盲目的、混乱的、粗糙的、顾此失彼的。从我的经验来看，在做出绩效考核这类管理策略之前，我一定要先制定好经营策略和营销策略，所以，管理一定要围绕企业经营与业务发展的关键点，在业务竞争优势的关键点上使劲，在业绩关联要素上使劲，在战略举措上使劲，让资源与产出形成明确而清晰的关系。

不从经营上思考管理，管理就注定是不接地气的。不接地气主要表现为管理不足和管理过度两种现象。管理不足就是该管理的不管理，体现在管理没有为业务提供必需的支持。**而管理过度主要表现为：第一，行政管理审批流程烦琐；第二，行政人员编制庞大且忙忙碌碌不知所为；第三，业务部门受到管理部门过度的监控和管理，忙于收集各种信息却难以对业务起到有效的支持；第四，业务部门要分担大量的精力应付管理部门的无效管理；第五，凡事讲求标准，追求规范，甚至连言行都要条条框框，诚惶诚恐；第六，制度繁杂却缺少人性关怀；第七，管理部门主导公司各项业务，借"管控风险"之名，行"外行管理内行"之实。**对于企业经营管理来说，管理慢业务半拍是正常的，慢太多那就是管理不足，业务就容易变成一盘散沙；快太多就是管理过度，体系就会变得僵硬笨拙。

总之，管理要卓有成效，必须在业务发展上找到支点，源自业务发展，最终落实于业务发展，通过管理活动对业务发展过程中的问题有效处理。无论其理论有多高深，如果脱离经营和业务谈管理，都是不切实际的。

管理隔行不隔理

对业务来说，可谓隔行如隔山，但对管理来说，却是隔行不隔理。业务追求精准，而管理是要追求灰度的，业务在先而管理在后，业务在于打通供需关系，然后再考虑如何让供需关系更经济、更高效，这就是管理要思考的问题了。业务面向外部世界，追求不确定性，管理面向业务需求，追求的更多是确定性，唯一不确定的就是人性的复杂。管理核心要处理的是业务的复杂和人性的复杂。管理无非管人理事，"理事"讲究规律，"管人"讲究方式。事情根据紧急与重要来区分，人要根据个人特征考虑接受程度。制度是无情的，但是管理一定是有情的，有情不代表可以不执行，而是以灵活的方式去执行。

　　管理往往是追求体系稳定性来提升内部协同效率的，而随着外部的快速变化，内部满足外部的能力就会受到极大的考验和挑战，我们该怎么办呢？管理的初衷和实际效果可能会产生冲突。很多时候，我们认为我们的管理出了问题，可能不够先进或者说不够系统，很多企业家听说某某优秀企业很成功，就想着能否复制别人的管理体系或者管理制度，然而，这种逻辑并不可取。每当这个时候，最好问自己一个问题，管理的初衷是什么？那就是促进业务发展，一旦我们理解了这点，我们就会对优秀企业的管理制度保持足够的理性，他们优秀是因为他们的管理与他们的业务相匹配，与他们的规模和文化相匹配。回顾自己的企业，就会发现你的业务并不需要那么复杂的管理制度，它带来的可能是更多的束缚和更高的成本，这样一定是适得其反的，你的企业可以去学习，可以去借鉴，但绝对不能照搬，学习和借鉴的一定是管理的内在逻辑，**不要学习对方的方法，而是学习成功者的方法论，即管理是如何不断动态地适应业务发展的**。唯有如此，我们才能找到我们自己的风格，我们自己的特色，也会赢得属于我们自己的成功。

　　如果不理解业务与管理之间的内在逻辑关系，很容易将管理做成了管控，陷入"放而不管就乱，管而不理就死"的境地。为了追求业务起量，大胆放权，但是缺乏有效监控，整个组织体系漏洞百出，看到问题了，需要整治，加速集权，业务很快变成一潭死水，没有一点朝气，问题出在哪呢？出在管与放之间，没有完成"理"，缺乏一个系统的完整的规划和布局，导致业务混乱，组织功能紊乱等，让管理陷入为了管理而管理的困境。

有效的管理一定是简单的

　　有效的管理一定是简单的管理，秉承要事优先的基本原则，在企业经营管理中为了确保管理的有效性，我坚持"四不"原则。

　　第一，目标不妥协。目标的制定源自于需求，而目标的达成受制于竞争，围绕市场需求制定目标，围绕市场竞争调整资源配置以保障目标达成。目标的制定要下足功夫，但是一旦确定目标，决不妥协，必要时，可以在资源和人才上进行大力调整，坚决维护目标的权威性。

第二，关键不放过。 在关键环节和关键成功要素上绝不放过关键环节和关键要素，有些工作需要亲力亲为，或者至少要听取汇报以明确打法的。

第三，共识不含糊。 即达成共识的环节以及共识的内容绝不含糊。如果在认知上没有达成共识，必然会在后续的很多事情上扯皮，产生责任不清、观点不统一等问题。在达成共识的过程中，要尽情地表达不同观点，这一点不仅是必需的，也是有益的，如果在达成共识的过程中没有充分表达观点，而按照非共识的观点行事，即使取得预期成果也将难以获得很好的评价。此外，在过程中定期沟通和探讨，形成动态调整的机制也是必需的。

第四，定位不摇摆。 公司定位、部门定位以及个人的定位不能摇摆不定，不能含糊不清，更不能留下太多可以商讨或者待定的选项，否则对于执行，对于成效都是莫大的伤害。

有序的才是有效的。 需要解决的问题永远都存在，不要看到问题就着手处理它们，而是要静下心来看看这个问题紧急吗？是当下必须处理的吗？这个问题处理会产生哪些问题？这个问题要能够处理妥当还需要哪些前提条件？管理不过是在时间和空间上资源配置以寻求效率最优化的一系列活动；管理不过是结构与节奏的把控，清楚做哪些有价值的事情，并且在合适的时间去做；管理不过是在重要和紧急之间做出权衡。在管理中最怕的一点就是管理者想到什么就立刻安排下属去做什么，下属搞不清楚为什么要做这个，或者说为什么在这个时间段做这个，管理者本人也不知道，只知道这是个问题。如果是这样，整个企业或者部门哪怕是具体的项目，都会很混乱，没有章法，必然会产生错乱。因此，对于要处理的问题，学会分层分类思考，格物致知，让每一件事情都事出有因，能够很好地定性，继而定量地来做分析。

有效的管理离不开优秀的管理者

按照德鲁克的观点，对绩效负责的都是"管理者"，但是，从中国企业目前的实践来看，管理者更多是拥有一定职权的领导岗位人员，他们的卓有成效至关重要。

作为一位管理者，你没有时间也没有精力做好所有事情，你的任务就是分配工作、协调资源。对于知识型员工的管理，重点在于你要向他全面解释清楚为什么和做什么（时间、程度、样式），至于怎么做、用什么方式则全权交给他，如果他有不懂的或者不清楚，可以第一时间来向你寻求帮助，你给予及时的帮助和支持。

作为一位管理者，你要懂得哪些是要事和哪些是次要的，这样才能做到要事优先，对于很多没有先例的事项，你要做好样板和标准，对于难以完成的工作，你要做好榜样和表率。

作为一位管理者，你要懂你的上级和下级各有什么特长，并将两者的特长围绕着任务进行有机组合，结合自身的努力发挥出应有的价值。

作为一位管理者，你要懂的赢得下级的尊重，方式一般有两种：第一在专业技术上征服，让他心悦诚服；第二就是用人品情商征服，依靠你处理事情的成熟度让他配合，甚至于要成为心灵导师，做好服务，协助下属成长。

作为一位管理者，你一定要加强沟通，只要勤于沟通善于沟通，并把握好沟通的方式方法，没有事情是沟通解决不了的。对于工作上的事情，沟通就要一板一眼，强调原则性和组织纪律性，严格维护组织伦理；对于非工作上的事情，沟通就要随意和放松，别拿领导架子。但是这两者的界限一定要分清楚，不做高冷领导，让人敬而远之；也不可和稀泥、无原则。

作为一位管理者，你一定要卓有成效，你要给下属时间，也要学会给自己时间，坦然面对失败和挫折。

作为一位管理者，你要有效决策，在掌握足够的信息时，你要果敢坚毅；在信息不足时，你要善于授权，不要打肿脸充胖子。

作为一位管理者，你要有全局观，知道重点和非重点，并将资源和精力聚焦，学会放权和授权，学会给予机会，并通过一系列的举措和方式来营造一种氛围，让下属在这种氛围中自动自发地做好自己该做的事情，而不是监管和盯着不放。

在新经济时代，卓有成效的管理者角色要发生极大的变化，要从"指令和管理"向"教练和赋能"、从"管控和要求"向"服务和支持"转变，让员工成长才是作为管理者最大的成就，也是对组织极大的贡献，而不是在乎你自己有多能干。

管理，只有真知，方可灼见

管理必须令行禁止，管理必须有权威性。要维护管理的权威性，必须让管理本身具有权威性。何为权威，权是被赋予，威是被认同。巴纳德的权威观认为，只有得到被管理者的认可，方可存在权威。这种观点尤其适合当下的时代。

管理的权威性，来自于合法性和合理性。如何才能做到合理合法呢？主要体现在管理规则和制度制定上，我认为制定任何管理制度都应当遵守三个基本准则：同理心、专业性和实用性。

同理心：深入调查、设身处地

真相总是潜伏在全面探究的最后，而非最初。在没有获知事情真相前，切不可轻易发表评论和观点，用我喜欢的一句话来说，就是"你所看到的不过是现象，而不是本质；你所听到不过是观点，而不是事实"。因此，我们在制定政策和制度时，能否具有同理心，关键要看我们能否深入一线、深入现场，不要基于片面、离散的信息制定关于"民生"的大政策。

同理心最基本的要能够换位思考，可是换位思考其实没有那么简单，要想知道他人想法，最好的办法是深入现场，而不是所谓的设身处地。"没有调查就没有发言权""调查就像十月怀胎，解决问题就像一朝分娩，调查就是解决问题"。如果不去深入了解，那么我们离真相还很远。

专业性：完成专业的系统思考

理论源于实践，又高于实践。专业性是在制定政策和解决方案时所必须具备的基础条件，必须有系统思考能力。业务追求并鼓励大胆试错，但是管理却不同，管理一定要围绕需要，以专业技能为支撑。以项目管理和绩效管理为例，如果是一个不懂项目管理的人，他会更多关注任务，而不能够将任务和人进行有机结合，把"5W2H"（When= 什么时候做，What= 要做什么，Where= 在哪里做，Who= 谁来做，Why= 做事的动机是什么，How= 以何种方式来做，How Much= 预算成本是多少）统统考虑进去。如果仅按照绩效考核的思维来解决绩效管理的问题，就会把绩效管理的系统工作做成绩效指标和指标评价，而忽视绩效计划与绩效反馈等环节的作用，更难以将绩效管理与薪酬、晋升以及培训和员工关系等通盘考虑。

专业性，从来都不应当只是点性思考与解决问题，而是要线性思考、面上解决，追求体系效率。专业性，不仅是深度与广度问题，更是角度问题。企业面对错综复杂、千丝万缕的问题时，寻求专业帮助，善用专业资源和外脑是一条非常有效的捷径。

实用性：上下求索、左右论证

政策和制度的制定不是绣花，而是要落地执行，需要上下求索，听听领导的想法，体察一下员工的声音，这样才能为你的论点提供充足的论据，你要相信，智慧在民间，潜能并非来自于数据，而是那些被压抑的思想。**企业管理者需要倾听，而不是做繁杂的数据分析，需要管理人员和政策制定人员能够深入群众一线，同时还要左右论证，检验政策和制度的潜在正面或负面影响，以此来优化你的方案。**

任何问题的解决从来都不是单线程的，就拿薪酬方案制定来说，要保障实用性就要牵扯多方面的问题，如历史遗留问题、业务发展问题、企业文化问题和人员结构问题等，涉及人员特性、资历新老、岗位角色、能力强弱、工资高低、职位大小、工作难易、业绩优劣等，机制设计得不合理，就容易产生各种矛盾与冲突。因此，没有经过系统论证的政策和方案是不能轻易发布的，任何制度都不能自以为是，更不能仓促草率，而是要深思熟虑，更需要反复验证。在正式发布之前，形成初稿，不断修改和完善，这样才是明智之举，企业发展要快，但是政策制定不能一味求快，企业越是要快发展，政策、制度以及模式等更需要细思考、慢思考。

总之，只有政策和制度具有"合理性"和"合法性"，才能保证其权威性和严肃性。企业管理者要坚信：**第一，答案就在现场，深入现场，细致调研；第二，要有专业性，能够概念化、通用化、通俗化，能够举一反三；第三，制定政策过程要能够上下求索，左右验证，保有同理心；第四，学会换位思考，更要深入调研，信息的多寡以及基于信息的分析能力强弱，决定了方案的适用性；第五，要抓住问题背后的问题，洞悉本质，既要考虑解决问题，又要兼顾后续影响。**所以，对于一位管理者来说，要想自己卓有成效，必须问一下自己：真的了解问题的真相和来龙去脉吗？这个问题的解决方案真的能够被接受吗？这样解决问题会有哪些潜在的问题？这个方案的适用边界在哪里？多问自己几个诸如此类的问题，行动才能更加精准和高效。

二、项目化管理是未来的管理方向

在以全球化、大数据、移动互联等新趋势和技术为标准的互联时代，模糊决策、应对复杂、迭代进化以及速度制胜成为这个时代组织发展的必然需求。碎片化决策、柔性化组织和赋能化管理对新时代管理提出了更高的要求，要说有一种管理机制能够应对，唯有项目化管理！

源于项目管理，高于项目管理

项目化管理思想源自于项目管理，但是其边界和范畴与项目管理大不相同。项目管理是将资源围绕一个具体目标进行整合的过程，最早应用于工程项目的过程管理，作为一次性产品系统化管理工具，包含"四控三管一协调"。"四控"，即进度控制、质量控制、成本控制和变更控制；"三管"，即合同管理、安全管理和文档管理；"一协调"，即沟通与协调多方关系。这种系统的管理工具被逐渐引用到企业经营管理的多个方面，在企业的产品研发方面和工业品营销方面应用得最为广泛。然而，这种项目管理应用依然有其局限性——仅在局部带来较高的效率，并没有形成整体效率。

未来，随着个性化产品的不断增长，多品种、小批量和多规格的产品逐渐占据主导地位，标准化和非标品的比重也随之不断向非标品倾斜，这种不断个性化的产品具有典型的批次性，体现为项目化的运作特点，原来科层制组织模式下的大规模制造将会受到极大的冲击。在企业经营中，我们越来越感觉到，只有以变才能应变，通过组织资源快速整合和动态变化才能迎合客户的不断变化的需求，贯穿组织"研、产、供、销、服"的资源协同要求越来越紧迫，组织资源整合的快速变化是极难通过不断调整组织架构来实现的，因此，一定要在管理方式上寻求突破，这个管理方法的迫切需求，正是对项目化管理的需求。

项目化管理将大幅度延伸项目管理的范畴和边界，将其充分应用于组织内部的各个关联环节，并作为重要的战略落地工具，通过项目化管理，有机地调动组织多专业技能和功能模块，服务于同一组织目标，构建和形成强大的体系能力。随着项目化管理的全面应用，人才建设、人才赋能以及组织扁平化等将随之发生改变。

项目化管理思维就是要打通客户需求到客户满足的全过程，建立起紧密关联的价值创造闭环，让资源配置的有效性得到保证，资源投入的方向也会更加明确，价值创造的单元会更加明显和突出，对于支持部门和管理部门也可以更加清晰地评价和评估价值创造，授权与赋能也会根据项目化管理的关键环节需要进行针对性配置。项目化管理会将组织建设得更为扁平化和流程化，项目化管理不同于过去的行政命令式管理，项目化管理强调的是横向协同，而不是纵向管控。如果没有完成项目化管理的企业，试图推行扁平化组织架构几乎是不可能的，那种所谓的扁平化只不过是简单的去中层化，这种去掉关键枢纽的做法，可能带来组织策略层面的空位，效果必将不如预期，后果甚至不堪设想。

总之，项目化管理是体系性的、跨专业、跨职能的，同时，也是动态的、柔性的组织资源整合方式，是企业未来不得不面对、必须学会的管理方法。

打通端到端的客户交付

德鲁克说，管理要卓有成效。其中"效"就是成果，不但要有效率，更要有效能，也就是既要把事情做正确，更要做正确的事情。卓有成效强调成果导向，而成果只在企业外部，因此，成果导向必然是客户导向，不断地创造客户并满足客户。

西奥多·莱维特认为，客户要的是孔，不是钻头。说的就是要满足客户深层次的需求，完成终极的客户交付。项目化管理就是要通过打通端到端的资源集成，实现客户的价值交付。准确来说，从客户需求的挖掘到最终客户价值交付的全过程，通过有组织、有计划的一系列行动来实现，形成贯穿企业内外部，打通资源整合链条各个环节的管理模式。客户需求成为集结号，从客户出发，信息像电流一样穿梭于每一个环节，持续动态的交互。因此，围绕客户价值交付的项目化管理具有以下几点特征。

开放性：客户参与度会大幅度提高

客户将被视为一种重要的战略性资源，客户将参与价值创造的各个环节，如研发环节、设计环节、制造环节和品牌推广环节等，项目化管理体系必将是一个开发的系统，每一个环节都留有客户参与的接口，并且价值创造的过程将更加透明。必将打破过去那种基于控制导向的流程管理，到处设置红绿灯的做法，而是有更多接口和更多窗户的流程。

系统性：业务和管理要高度融合

业务和管理原本就应该是一体的，然而基于分工协作的发展，将业务和管理逐渐分离，业务逐渐变成了操作单元，而管理逐渐变成了标准（规则）制定单元，由于信息不对称和对于具体问题理解上的差异，业务和管理的分离导致业务和管理的背离，产生管理过度或管理不足等现象，制约业务发展，通过项目化管理，一方面让集权、分权变得更为容易，在哪些环节集权，在哪些环节分权，都有了清晰的准则和要求；另一方面，管理资源会随着业务发展的节奏变化而变化，动态性会越来越强。

生态性：组织的范畴将包含企业内外部

客户并不关心你是如何实现的，而是关心你实现了没有，以及客户的体验如何。如何实现将只是企业的事情，如果将目标锁定在企业内部的现有资源，显然是不够的。你需要整合更多的资源，这些资源分布在不同的企业里，项目化管理就是要围绕客户交付，形成多种资源的导入，构建一个完整的客户价值创造系统和组织生态，组织不再局限在某家企业，而是一个范畴更广的概念，是所有利益相关者的集合，这些资源的集合却又是永远围绕价值创造这个核心主题的，不创造价值的资源会被自然过滤，剩下的必然是精华。

成果导向，让价值评价不再困难

管理要为绩效负责，那么绩效评价必然不可或缺，绩效管理分为三个循环，包括价值创造—价值评价—价值分配。对于任何管理体系和组织，价值评价是进行价值分配的基础，评价的不科学与不合理必然将会造成分配的不公平。绝对的公平是没有的，但是如何让责权利尽可能地对等，就必须让绩效评价有据可依，让被评价者信服和更好地接受。

在职场上有一个奇怪的现象，即每个人都觉得自己付出的比别人多，理应得到更多的回报，也会认为别人所得超过了其付出，别人不应该获得那么高的回报，结果就会出现这样一种现象，就是将每个人认为自己得到的总和加起来往往是大于可以分配的总额，另外，往往会产生各种不公平的感觉。过去，员工的表现更多依赖上级领导对员工的主观评价，这种评价虽然有一定的合理性，但是容易受到晕轮效应、近因效应等影响，造成不合理和不公平的存在，因此，大量引用国外的绩效管理办法，如 KPI、360 度评价、EVA、BSC、OKR 等考核评价办法，这些绩效考核办法在中国企业实施中，依然会存在着指标设定难以客观评价员工贡献的问题，为此，根据我在管理实践中的经验，认为绩效评价要简单，简单不等于粗放，一定要以结果为导向（包含阶段性结果），这种结果导向强调产出与收入之间的关系，即你为公司创造的价值越大，你获得的回报就应该越多，如何评价你创造的价值呢？更准确地说，价值是通过什么方式来创造的呢？现如今价值的创造不再依靠某个人，更多是依靠团队的形式，即通过团队的合作实现价值创造。确定每一个环节在最终的价值产出中的占比来确定其价值创造的大小。换句话说，你参与了哪个环节，并做出了什么贡献，并以此贡献的大小来确定你获得回报的大小。

有效推进知识管理，激活人才实现赋能

在互联网时代，人才越来越不依赖于组织，而组织却越来越需要人才，人才选择进入某个组织，一定是通过企业的平台，发挥出远远超过个人能力范畴的事业成就，这样企业组织对人才才具有吸引力，否则，人才是没有动力加入某个组织的。

这就要求企业能够激活人才，实现人才赋能，从而创造出远大于个人能力范畴的绩效。而要实现赋能，必须具备三个基本要素：**第一，平台化的组织体系；第二，专业化的知识管理；第三，协同化的管理机制**。其中，平台化组织体系是组织模式范畴的概念，协同化管理机制是管理模式范畴的概念，而专业化知识管理是一个宽泛的概念，必须有具体的落脚点，这个落脚点就是项目化管理。通过项目化管理，以结果为导向，以具体工具和方法论的应用，形成知识沉淀和知识积累。知识绝对不是

管理层构想出来的，而是要源自一线实践归纳总结出来的，通过归纳总结将无形的个人经验转变为有形的、可供分享的知识管理体系。

应用好项目化管理，新引进人才的培养和培训会变得简单很多，过去那种师傅带徒弟的做法将会永远被丢进历史的垃圾桶，取而代之的是正规的培训体系，过去那种由培训部门组织的培训计划会被负责知识管理的部门，通过需要进行拉动式培训所取代。从我个人的培训经历来看，面向解决问题的顾问式培训和咨询式培训越来越多，对培训师的挑战更大，但是企业会更加受益，培训也会更加有效。

融合计划与变化，聚焦关键

一家企业最怕的是日益僵化的体系和逐渐远离市场的组织，要想远离"大企业病"，我认为最好的方法依然是项目化管理体系，以及与之相匹配的管理机制。企业管理层不可能有足够的精力关注企业经营的所有方面，通过项目化管理，可以将业务流程化和规范化，将有限的精力用于关键环节，才能更加有效。

项目化管理是直接面向客户和市场竞争的，能够保持对客户和市场的高度敏感性，通过对市场的快速反馈，企业管理层可以将精力聚焦在变化上，如那些意外的成功或者说意外的失败，这些带有趋势性变化的种子信息，在原有的管理模式中可能被淹没在浩瀚的日常事务中，但是，按照项目化管理的方法，这些变化就会显得异常醒目，也会很容易进入管理者的视野，并成为分析和研究的对象。

另外，用好项目化管理工具，可以逐渐将变化转变为计划的一部分，有利于组织持续形成知识积淀，逐渐形成自己的最佳实践，形成一种企业独特的竞争力。

第八章
支撑：打造核心层

一、建立强有力的核心层

没有人才，再好的商业模式不过是纸上谈兵；没有人才，再好的战略也是空中楼阁；没有人才，偶然的成功也是昙花一现。人才尤其是核心人才团队，对于企业的价值往往是不可估量的。罗马不是一天建成的，强大的核心团队也是需要时间淬炼，才得以不断成形。只有明确核心团队的建设方向，才能有序建设出强大的运营团队，本章节重点谈谈四支核心团队。

建立"功能互补、价值共享"的决策团队

决策团队是企业经营中最为关键的核心团队，是企业运行的心脏和大脑，是企业经营方略的源头，决策团队的水平直接决定了一家企业的品位，直至决定企业的江湖地位。

在企业顶层设计的体系中，决策团队是对企业方法论体系的形成影响最大，同时又是方法论体系落地执行的关键所在。在我从事咨询和培

训业务时，接触最多的就是企业的决策团队成员，通过对他们的思维模式和能力结构的分析，基本上就可以看清这家企业的命运。小米之所以能够实现爆发式增长，离不开七位创始人（雷军、黎万强、林斌、刘德、洪锋、王川、黄江吉等）的通力配合；华为站在世界之巅，少不了经营管理团队（EMT）成员（任正非、孙亚芳、孟晓舟、费敏、洪天峰、徐直军、纪平、胡厚昆等）的运筹帷幄；汇川技术在工控行业异军突起并成为国内的工控龙头，是19名创业股东（朱兴明、姜勇、唐柱学、张卫江、杨春禄等）的使命感、奉献精神和不断坚守的成果。类似的案例还有很多，可以概括地说，在这个时代，但凡成功的企业，一定是由一群志同道合、理想远大的人共同打拼的结果。

那么，有了这么一群有理想、有抱负、有格局且志同道合的人，该如何保证这些人能够团结紧张、严肃活泼呢？结合多家企业咨询和培训，以及自身在企业中的经营管理经营，我着重谈几点。

第一，决策团队一定要"功能互补"。 只有功能互补的团队，才可能互相欣赏，尤其对知识分子。如果一个团队里有两个以上相同专业的人，他们对同一个问题的见解往往是很难统一的，各有各的见解，团队很容易分崩离析。所以说，"功能互补"才更容易实现目标统一和价值观统一，彼此需要，彼此协同，形成化学反应和加强效应，例如，这个团队中要有会说的，也要有会写的，有擅长行动的，也要有擅长思考的，有精通商务的，也要有精通技术的，有精通经营的，也要有精通管理的。

第二，决策团队一定要"价值共享"。 仅仅功能互补是不够的，还需要价值共享。这个团队一定是事业共同体，然而事业共同体的基础是利益共同体。即只有基于利益一体化基础上，才能产生长期共识。反之，如果利益都不统一，那还谈何事业共同体呢？

第三，决策团队一定要开诚布公和坦诚相见。 避免决策团队内部形成小团队，拒绝搞"一言堂"，要敢于"批评和自我批评"，以共同利益追求兄弟情谊，而不是以兄弟情谊追求共同利益，以"公开、公平、公正"
换取"共识、共担、共享"。

建立"不求所有、但求所用"的外协团队

在企业的核心团队中，有一股力量非常关键，却又很容易被忽视或
者被边缘化，那就是外协团队。外协团队是一支有着自己的业务领域和
职业坚守，敢于直面问题，敢于表达专业观点的队伍，他们对于企业来
说是一扇窗户，通过这扇窗户，一方面可以照亮你的屋子，让你看到不足；
另一方面，可以通过这扇窗户让你看到更加壮阔的外部世界。

美国太阳微系统公司创始人比尔·乔伊曾有一句非常著名的话："公
司外的人才永远比内部多。"这便是"乔伊定律"。"乔伊定律"认为创新
只能在外部。以咨询顾问为例，一名优秀的咨询顾问经过种种历练造就
了敏锐的商业质感和经营直觉，加之深厚的理论素养和较强的沟通表达
能力，往往可以为企业打破僵局提供非常有意义和有价值的建议和方案。
在这方面，华为是个值得学习的榜样，华为在成长过程中，敢于拿出大
量咨询顾问费（粗略估计有 5 亿美元以上），聘请国内外一流的咨询顾问，
其中包括人大六君子、IBM、埃森哲、波士顿、普华永道、美世和合益等，
为华为的管理提升奠定了坚实的基础。

然而，人才在这个世界是具有极强流动性的资源，一家企业要想将
优秀的人才占为己有，难度极大、成本极高，最优的选择应当是采用**不
求所有、但求所用**"的态度。在互联网时代，随着"众包"和"众筹"
等模式的深入，这个观念也在不断被接受，企业的每一个职能环节都可
以打开一扇窗户，吸收外来的新鲜空气，让组织机体变得更加强大。

要想将分散于世界各地的优秀人才为企业所用，你的企业必须也是
个开放的平台化组织，同时保障机制到位，方可在"众志成城"的基础
上实现"众智成城"。

建立"自我驱动、信念坚定"的骨干团队

军队素有"铁打的营盘，流水的兵"之说，企业也是一样的。这一群人，应当是斗志昂扬、自我驱动的骨干力量，在"众包""众筹"等互联网新概念下，企业变成平台，但是平台上如果没有这样的一支铁军，那么平台也是散乱的。就拿"众包"来说，企业要将项目"众包"出去，如果没有一支自由核心骨干团队将项目进行分解和细化，形成一个个小的项目和要求，就会存在极大的技术泄密风险，"众包"就成了简单的"分包"，丧失了主动权和主导权。

对一家企业来说，骨干团队的搭建和培育非常重要。到底参照什么标准来选择骨干团队呢？结合人力资源管理来讲，"**薪酬晋级看能力、职位晋升看忠诚、固定薪酬看资历、变动薪酬看业绩**"。任命骨干员工，不能单单看能力、业绩和资历等指标，而是要看忠诚度，是否认同企业的价值观，是否是一个信念坚定的追随者。

建立"锐意进取、一专多能"的精兵团队

在以结果为导向的新经济时代，苦劳和疲劳已经无法得到价值肯定，唯有创造业绩，功劳立身，才是职业经理人安身立命的理由。创造价值不是嘴上说说，而是需要实力作为保证。

华为在2016年提出要在10年内实现大体系支撑下的精兵战略，逐步实行资源管理权与作战指挥权的适当分离。指挥权要不断前移，让优秀将领不断走向前线，灵活机动地决策。以代表处为利润中心，对结果承担责任，指挥权、现场决策权首先前移至代表处。将尖刀兵力用在最难啃的骨头上，才便于打开新局面。精兵战略不仅仅是为了"解决问题"，更重要的是面向机会，因为只有机会才会提供成长和增长，而"解决问题"

只是抑制损害。

我将人才分为两种：**一类是攻城略地型的，一类是看家守舍型的。攻城略地型人才是直接创造显性价值，而看家守舍型人才是创造隐性价值，都很重要**。但是对于一家企业来说，需要不断的胜利来激发队伍的激情，因此，攻城略地型人才会得到更多的青睐，同时，也对这类人才提出了更高的要求。正如汇川技术将原各个大区的负责人调整至行业拓展部，负责新行业的开发和拓展，这就是将人才聚焦在机会最大的地方，拉动企业维持较高的业绩增长。

对于精兵团队，需要极强的商业嗅觉、目标感和团队协作精神，在专业能力上，绝不能是单一的，不但要具备商业技能，还需要精通技术和经营管理方面的专业素养。因此，"锐意进取、一专多能"是精兵团队极为重要的两大核心要求，精兵团队一定也是多面手，要能文能武才行。

二、核心人才更需要用心经营

杰克 · 韦尔奇说，经营人才是企业的一等任务。经营人才要从经营人心开始，经营人才要面向人才全生命周期，经营人才需要组织体系保障。

打开人心就是打开市场

企业之所以能够攻城拔寨、所向披靡，必定是剑锋所指、人心所向。在互联网时代，外部环境跌宕起伏、变幻莫测，然而，这种外部环境的不确定，对于行业内的任何企业都是公平的，企业要不断地敲开市场的大门，除了企业战略英明之外，最重要的影响因素应该就是人。

可谓，人心齐泰山移，凝心聚力方可成就一方霸业。市场是扇门，人心是把锁。只有打开人心，才能打开市场，实现企业的持续繁荣。

只有主人的角色，才有主人的心态

过去，企业拥有某项独特资源便可以笑傲江湖，现如今，企业需要的是系统化的组织能力，资本、技术、人才、产品、信息等作为系统能力的组成要素，最稀缺的资源正在从资本和技术转向操作运营体系的人才。企业与员工难以维系雇佣关系，而是向自我雇佣、合伙人进化。在这样一个时代，人才不仅要分享企业的利润，同时要在企业的经营决策过程中有更大的话语权。企业要想从根本上激活人才，打开人心，就要赋予员工主人翁角色，才能换取员工主人翁的心态。企业在进行顶层设计时，应当在商业模式设计的同时或者之前，把企业的治理模式说明白，讲清楚如何进行股权激励以及如何构建事业合伙人机制等。

权责要对等，利益要公平

责权利对等是组织管理的一项基本原则，本质上是企业集分权管理问题，如果权责界定不清楚，即使最优秀的员工在面对管理问题时，也会举棋不定、畏首畏尾。

没有请不起的人才，只有付不起的真诚

要想建立起卓有成效的管理体系，必须有一支职业化的经理人队伍。然而，在我国这样一个职业经理体系不健全和不规范的现状下，要建成一支职业化的经理人队伍的难度是非常大的。人才的培养需要一个较长的过程，一位优秀的职业经理人从菜鸟成长为雄鹰，是需要付出巨大的代价的。所以，企业要不拘一格降人才，多种渠道融汇人才。

第一，以真诚换取忠诚

对企业家来说，没有请不起的人才，只有付不起的真诚。如果企业老板以一种观望的姿态和审视的眼光来对待人才，往往不利于人才在企业生根发芽，在相互试探中消磨彼此的心气，最终极容易走向一拍两散。

第二，以机会牵引成长

如果你的企业是一家资源密集型或政策主导型的传统企业，依靠资源或政策取胜，那么，企业所需要的人才以看家守舍型人才为主，

忠诚度是第一位的；如果你的企业是一家技术密集型或人才密集型的新型企业，依靠技术或创新取胜，那么，企业所需要的人才以开拓进取型人才为主，专业性和进取心是第一位的。然而，不管是哪种类型的人才，人才的成长都是一种过程，都是一段持续浇注和培育的结果。要想让人才快速成长，企业家要懂得为人才成长铺路，为人才成长创造机会。

核心人才要精细化管理

这个话题重点引用某客户最佳实践的案例总结。

某公司 A 是国内一家生产汽车零配件的制造型企业，我在给这家企业做营销咨询过程中，与该公司人力资源部门沟通时，发现该企业的人才管理比较具有特色，甚至可以作为典范，在此做个分享。这家企业为每一个员工建立信息化档案，这并不稀奇，很多企业都会建立一套员工台账。然而，这家企业会将员工的信息化档案进行动态化管理，将员工信息与员工的绩效考核以及培训紧密联系在一起，通过员工的绩效考核来动态评估人才的成长状态，并根据需要辅以相应的培训，将这套管理方案落实到全员，形成了一整套完善的人才成长晋级阶梯，实现人才管理规范化和制度化。

在这套动态的管理集中实施过程中，将成长快速的优秀员工筛选出来加以重点培养，逐渐形成了健全完善的人才梯队，该企业人才的忠诚度、职业素养和专业能力，在我服务过的企业当中应该可以称得上佼佼者。

谈起人才的精细化管理，需要的并不是多高深的专业理论，而是需要更用心地对待人才，把人才真正当成企业最为重要的资产。要知道，面对智力资本时代的到来，组织应该更加推崇人才稀缺理论，资金不是稀缺的，硬件设备也不是稀缺的，稀缺的是具有创新创造能力的人才。

全面创新人才管理机制

如何能够保障员工的"存在感""成就感"和"归属感"，同时能够激发出"新鲜感""危机感"和"饥饿感"，激发内生动力，实现企业生生不息，这将是人力资源工作者未来的核心命题。

选对人才事半功倍：相马需要慧眼，赛马需要机制

可谓"问渠哪得清如许，为有活水源头来"，打造激情四射的团队，一定要在源头上给予管控。另外，没有分类就没有管理，在此做一些经验之谈，我将人才的需求根据情况分为以下三种：第一类，按人才需求的紧急程度；第二类，按人才需求的专业类别；第三类，按人才需求的职业用途。

第一，按人才需求的紧急程度

按照人才需求的紧急程度，分为面向当前的和面向未来的。

对于当前需要的人才，其紧急程度较高，企业无法承担较长的培养周期，对于创业型企业或者企业中特殊战略意图的岗位，可以选择业内（圈内）比较成熟的或成功的人才，以合伙人的方式或以高薪引进方式比较稳妥。

对于未来需要的人才，有充足的时间布局，我的做法是每年要引进一批优秀的大学毕业生，把这些学生主要分为两类：一类是组织与活动能力强的员工，如曾在学生会工作过的和曾担任过班长的人作为营销或者管理岗人才进行培养；一类是学习能力强的，如每年获得奖学金的学生，或有特殊专业特长的学生，作为未来的技术型人才进行储备。而那些不温不火、资质平平的学生，优点不突出，缺点也不明显的，一般来说不予考虑。

第二，按人才需求的专业类别

按人才需求的专业类别，可以分为综合管理类和专业技术类。

对于综合管理类人才，无行业设限，其他行业的管理型人才一样受欢迎，甚至更受欢迎，企业就是需要不一样的思维方式和新鲜血液，对这类综合管理类人才，更在乎他们的思维模式、失败经历和成功经验，关键是他们能将之前的成功和失败的来龙去脉陈述清楚，并有不断反思和创新的能力。企业一定要警惕那种只会拿着某家公司一套成型的管理体系套用的"人才"，这类"人才"极具迷惑性，刚性有余而柔性不足，往往不是变革的动力，而是企业成长的阻力，这点非常重要。

对于专业技术类人才，是有严格的行业界限或专业界限的，资深的专家必须在行业（专业）浸淫十年以上，没有量的积累，不可能有质的飞跃，因此，资历是这类人才选择的极为重要的能力评价指标。

第三，按人才需求的职业用途

按人才需求的职业用途，分为开拓型和守城型。

对于开拓型人才，这类"人才"能够守正出奇，善于以正相合，出奇制胜，具有灵活的因地制宜的策划能力，具备强大的攻击力，才是挑选这些人才的关键。在对大规则和大格局充分领会的前提下，不拘一格甚至敢于挑战权威，勇于创新、开拓进取，充分融合感性和理性，太感性容易跑偏，太理性容易束手束脚，需要长处很突出但短处不致命的人才。

对于守城型人才，这类"人才"要心思缜密，事事都能够完成一个闭环思考，一件事情是如何开始，又如何结束，过程中可能会出现哪些问题，他们要有这样的思维意识，甚至有些较真和执拗，他们是理性思考重于感性思考，允许有一定的完美主义情结。

用好人才才是关键：人尽其才物尽其用，能岗匹配是关键

组织就是要充分发挥每一个人的长处，通过有组织的努力，让一群平凡的人创造出不平凡的成就，这是德鲁克先生对我们的教诲，也是我们组织建设的目标。然而，企业现实远非如此简单。

作为咨询师，我经常思考组织与人才问题，一方面，存在即合理，现状是有历史原因的，如特定阶段的某些人的特殊贡献，如某个领导对于某些人的特殊情感（心理学上称之为近因效应和晕轮效应等）……一旦"时过境迁"，有些人不适合但又难以剥离，就会成为历史遗留问题；另一方面，企业必须着眼于经营、着眼于未来，以发展为主线，以增长为牵引，避免纠结于现实的泥潭，以更大的视野和更高的眼界，重新梳理组织体系，以战略方向为牵引，重新梳理组织体系，将人的能力特点和个性特征与组织的需要进行一次重新排兵布阵（有必要的时候，可以来一场竞聘），将合适的人以一个相对公允的评估方式（标准合理、过程公平、结果公开），配置在尽可能合适的位置。我相信，将正确的人放在正确的位置上，问题可以减少一半。

实践经验告诉我，只有放错位置的资源，没有发挥不了作用的资源。然而，涉及人事变动的事情，既要兼顾历史贡献，又要兼顾人才发展。但是，无论何种兼顾，都不能脱离企业经营发展的主线，这是关乎更多人利益的大原则、大方向。

围绕业务培养人才：猛将必起于卒伍，宰相必发于州郡

华为长期坚持"Z"字形成长路线，要求每一位即将晋升为某个部门的管理者，在此之前必须非常了解该部门工作的任何一个环节、模块，强调专业线在前，管理线在后，以横向的轮岗来了解多个专业之间的差别以及协作要求，继而才能全流程、端到端地思考问题。如果仅在某一个专业或者某一个体系内直线成长，那么很容易陷入本位主义，在意识形态里形成天然的壁垒，片面思考问题而难以融入或者难以协调多个不同专业领域的工作。

沙场点兵和一线提拔起来的管理者，无论思维方式还是行为方式都会更加接地气，思考问题也更加全面和多维，对其授权的风险会更小。管理者应该知道赋予权限，必须在某个领域既有成功经验又有失败经验的人，没有失败过的人，是不被重用的，一是对失败缺乏敬畏，二是往往缺乏创新，按部就班。而经历过一线磨砺的人，大多是游走在失败与成功之间，享有过成功的喜悦，也经历过失败的"摧残"。当然失败也要分情况，是创新的失败，还是常规常识方面的失败。如果是创新方面的失败是可以接受和容忍的；而常规的和常识方面的失败，则另当别论。经历过"火线"并不断成熟，从失败走向持续成功的人才，才有可能成

为企业骨干人才，甚至于成为企业的精兵团队。

人才淘汰张弛有度：平衡历史贡献与未来可能，快刀乱麻

对于明显不适合企业经营业务发展要求的人员，无论是专业能力还是道德品行，处理的态度必须明确。

第一，要有菩萨心肠，也要有雷霆手段

制度无情人有情，对待离职（无论是主动辞职，还是被动辞退的员工），都要怀有一颗仁慈的心，没有任何一个地方是永久归宿，有缘相聚就要珍惜缘分。但也需要当断则断，要对不适合公司发展的人员采取果断的措施，哪怕在经济上做出一些小的损失，在情面上做一点小的忍让。

第二，要面向未来，也要平衡历史贡献

对待历史功臣，尽管他们其中部分人难以满足企业未来发展的需要（可能是体力或者精力难以为继）。但是，在针对他们的淘汰上，要充分发挥这些历史功臣的经验和智慧，以顾问的身份，让他们退居二线，又能够有尊严地保持与公司之间的关系，对双方来说应该都是共赢的局面。

第九章
融合：文化圈创新

《系统思维》一书中提出："如果 DNA 是生物系统的图景来源的话，那么，文化（共享图景）就是社会文化系统未来形态的蓝图之源。这个未来的图景提供了所有决策的默认值，是变革过程的中心。"企业文化是血脉，是贯穿企业经营全过程的一种无形存在。然而，变革最大的敌人是既有的文化基础和惯性思维，文化转型是企业基因再造的过程，必然要经历一个漫长的痛苦觉悟和彻底反思。

一、文化是企业的精神品质和行为方式

企业文化不是激情澎湃的标语口号，也不是装订精美的宣传手册，更不是企业老板在大会小会所宣传的名言警句，企业文化是企业全体员工广泛认可的精神品质和行为方式，能够切实落实执行的价值观念和行为准则。正如马克斯·韦伯所言："任何一项事业背后，必须存在一种无形的精神力量。"企业文化是无形的，但是又切实影响到组织中每一个人的行为和处事方式。企业文化是企业组织的群体习惯，能够对内整合，形成一致的价值认同和思维方式；对外能够通过员工的行为方式，形成

差异化的品牌认知。

企业家基因左右文化的总体方向

企业家作为企业的权力核心，影响着企业经营的方方面面，企业家的心智模式和个人格局形成了组织特定的文化氛围和行事准则。我们从企业家职业出身与经营理念两个维度来审视企业家基因对企业文化的影响。

企业家的职业出身

企业家的职业出身类型大体分为三类：分别是技术专家出身，商业强人出身和管理达人出身。三种不同的职业出身的行为模式存在着较大的区别。

技术专家出身的企业家，大多属于典型的技术控，往往对技术或者专业有股子钻研精神，对产品技术有着独到的理解和独特的情感，天然具有技术偏好和产品情结，往往会追求专业上的完美主义，渴求细节，强调产品的技术品质，崇尚工匠精神，这会无形中促使企业的经营重心向技术环节倾斜。

商业强人出身的企业家，大多会表现出极强的商业嗅觉和市场洞察力，对于市场机会极其敏感，对于规模和利润的追求表现出极强的本性，企业吨位是经营的主旋律，工作重心在于发现与捕捉机会，目标短期化，不太注重管理能力建设和战略规划，定位和方向的不确定性容易把机会导向做成机会主义，功利主义是这类企业家的主要特征之一。

管理达人出身的企业家，是平衡感和节奏感最好的一类企业家，是融合感性和理性于一体的企业家，善于指明方向，善于与人交际和整合资源，善于洞悉人性和经营人心，在管理达人型企业家周围不乏精兵强将，相互之间也总是能够相得益彰，这类型的企业家典范如 IBM 的郭士纳、GE 的杰克·韦尔奇、海尔的张瑞敏、汇川技术的朱兴明等。

技术专家出身的企业家，易把企业越做越紧，陷入产品导向的经营怪圈和有技术没市场的尴尬境地；商业强人出身的企业家，易越做越散，关注活在当下，很多却始终奔走在生存的边缘；管理达人出身的企业家，擅长团队建设和整合资源，懂得取舍，张弛有度。

企业家的经营理念

企业家的经营理念，按照"内外部—集分权"两个细分维度来看，形成四象限，分别是稳健型企业家（外部机会—集权）、开拓型企业家（外部机会—分权）、内敛型企业家（内部能力—集权）和激活型企业家（内部能力—分权）。

稳健型企业家，关注外部机会，始终把权力集中在少数人手中，试图在把握机会的同时，确保风险的管控。这类企业家会确保企业的发展始终在自己规划的蓝图中前行，更多强调组织执行力，而不是创新力。

开拓型企业家，关注外部机会，敢于放权，这类企业家相信只要把利益机制设计好，大胆任用人才，利用人才的专业特长应对市场，把握机会。这类企业家关注大方向和大格局，擅长谋划商业模式和公司战略，在组织方面，会主动把总部和后台建设成为平台，建设成为资源保障中心、管理服务中心，在关键环节适度管控即可，这类企业家在新型的创业公司较为多见。

内敛型企业家，习惯于在看得见、摸得着的地方投入，同时又会将权力牢牢地集中在自己手中，风险管控成为其经营的主旋律，可以不作为，但是不能有闪失，任何制度的建设和方案的制定都要经手，对于管理有着较为系统的理解，但是在打通管理与业务之间，存在着很多难以突破的难点。

激活型企业家，企业内部活力是其关注的焦点，企业内部的拆分和组合较为频繁，组织结构的调整和变化成为常态，关注组织能力，对于组织形式并不十分在意，对于人员的能力与权力的匹配度要求较高。

稳健型企业家所管理的企业像是一支军队，攻城拔寨是目标，但是各兵种之间的角色清晰，职责明确，号令统一；开拓型企业家所管理的企业像是一支网球队，每个成员都要适应队友的个性、技能和长处以及弱点，互相补位；内敛型企业家所管理的企业则像一支乐队，每个成员都有固定的位置，各司其职，步调一致，按照统一的指令行事；激活型企业家所管理的企业则更像是一支足球队，每个人都有相对固定的位置，但是整支队伍却是整体移动组合，随时变化攻防节奏。

文化要传承创新，更需落地生根

该如何建设企业文化？我认为企业文化不是固定的形式，而是要能够在传承中创新，在创新中传承。传承什么，又要创新什么呢？传承的是传统文化中优良的元素，传承的是企业成长历程中光辉的事迹，传承的是支撑企业发展的精神动力，传承的是经营战略要求的经营导向；创新的是互联网时代的思维模式，创新的是互联网时代的管理模式，创新的是互联网时代的合作方式，创新的是互联网时代的价值追求。没有传承就没有根基，没有创新就没有活力。文化既要源远流长，又要与时俱进。

无论传承还是创新，文化都要落地生根，最终作用在企业全体成员身上。但是现实却不那么乐观，很多企业老板抱怨，现在的年轻人很难管，想法太多，对组织的忠诚度太低。这些企业家把年轻一代的想法和做法，看成对组织伦理的挑战，在我看来，这些企业家自身的理念需要刷新。这个时候，我都会直言不讳地告诉他们，新时代知识型员工的管理是一个新时代大命题，然而，从他们的苦恼和描述来看，他们还在沿用过去的思想管理现在的员工，已经落伍了。

建立互联网时代的契约精神

在工业时代，通过科学管理，让体力劳动者效率提升了 50 倍，但是在新经济时代，是人才资本时代，也是人才主权时代，知识工作者要提升的不仅仅是效率，更多是效能，且效能所带来的价值提升往往是难以简单计量的。

你不能够用管理机器的思维来管理充满创意的知识工作者，你不能要求员工像个军人那样"服从命令听指挥"，更不能要求员工像个机器一样"输入命令、执行动作"的机械化动作，而是要激发他们的内在驱动力，而不是驱使他们做你认为重要的事情，或者说要他们按照你的想法做事，这是很难的。你要学会放手，从一个管理者的角度转变为一个领导者和服务者的角度，以契约精神为前提，以结果为导向，通过使命感和责任感激发他们的激情。对于知识型员工，你只需要告诉他们"为什么"和"做什么"，并不需要你干涉"怎么做"，在"怎么做"上提供必要的支持和帮助，时髦一点的说法叫作"赋能"，持续让他们获得成就感和乐趣，那么他们的积极性就会被激发出来，并且管理本身也就变得轻松了。

如果说现在的员工太难管，不够忠诚，其实大错特错。知识型员工不是没有忠诚度，不过，他们忠诚的不是组织或某个人，他们忠诚的是他们认为值得为之付出的职业和事业。知识型员工愿意承担责任，敢于表达自己的想法，这是社会进步、人性独立和解放的一种表现，是积极的信号，也是一种社会趋势和潮流。

平等对待与共创共识

马斯洛需求理论认为，人的需求分为五个层次，分别是生理需求、安全需求、社交需求、尊重需求和自我实现需求，其中生理需求属最低一级，自我实现需求为最高一级。上一代人是从"生理需求"开始进阶，而这一代人由于具备一定的专业素养和经济基础，具有更多选择权和自由度，需求从第三层级"社交需求"开始起步，这对于过去的管理方式完全是跳跃式跨越，金钱的刺激带来的重要性远小于过去了，取而代之的是精神层面的诉求。

新时代的知识型员工有着独立的自我意识和想法，提倡自由、平等、分享的互联网精神，他们不甘听命于别人的管理，也不仅要参与管理，更多是要自我管理。他们并不在乎老板会怎么想，而是在乎老板的想法和自己的想法是否一致，并且在乎有多大程度上参与了规则的制定。所以说，企业老板要继续保持家长制所获取的特权，大搞"一言堂"，是很难与新型员工相处的，更难聚集优秀的人才队伍。

在互联网时代，"火车跑得快，全靠车头带"的火车理论会被"动车理论"取代，每一节车厢都有发动机，速度会成倍提高。

激发活力更需要共担共享

新时代知识型员工创造价值主要靠脑袋，不同于体力工作者创造价值靠双手，你可以严格要求双手的工作标准，但是你永远也没有办法和明确标准来要求一个人的大脑工作方式。这恐怕就是知识工作者与体力工作者的最大区别。"胡萝卜＋大棒"的管理手段对于体力工作者会有一定作用，但是对于知识工作者，你的这点伎俩太容易被识破，也会最终证明这种简单粗暴的管理手段的无效性。

知识型员工高效的执行力绝对不是来自高压政策下的机械运动，而是源自工作的乐趣和成就感，考核体系要更全面更系统，更加关注员工成长，让员工从工作中找到人生的乐趣，要让工作本身有意义，工作不仅是养家糊口，更是某种社会责任的体现，在现在的努力中得到物质与精神满足，在未来的憧憬中看到希望。做到这样的管理所形成的文化才是健康的，心灵鸡汤是不能喝一辈子的，必须发自内心的驱动力才可以持久。因此，放弃高压政策和管控思想，取而代之的是与知识型员工达成联盟关系，通过建立起事业合伙人的机制，在明确规则下，激活人才，共担企业经营风险，共享企业价值回报，"手牵手"向前走。

文化建设，知难而进

企业文化建设没那么简单，企业文化建设过程中要面对来自多个方面的持续冲击和考验。

首先，如何管理80后、90后员工是时代命题。这一代人是互联网原住民，信息灵通，见多识广，他们渴望被领导，但是不希望被管理，充满责任感和正义感，喜欢娱乐精神，不拘小节，充满表达欲望，关注存在感，内心孤独，渴望交流和被认可，创新意识强烈，有理想抱负，又非常理性务实，对感兴趣的事情可以彻夜不眠，对不感兴趣的事情，充耳不闻。面对这样一群充满矛盾感和冲突感的新生代员工，怎么管理？用什么文化引导呢？如果不能在精神层面产生共鸣，在价值观层面产生共识，再好的企业文化宣传口号都是无效的，然而，追求精神引领和价值观契合，需要更富魅力的领导，这就给企业家提出了更大的挑战。

其次，内部不同层级、不同专业、不同年龄结构人员的思维模式统一。不同层级的人员由于不同的职业定位，形成不同的思维方式。企业的高层往往站得高，看得远，具有强于普通员工的商业敏感和职业化水准，他们更为关注企业的经营方向，能够高瞻远瞩地把握事情的走向，要求具备更高的概念化能力；企业的中基层强调执行，脚踏实地和按部就班，对于事务性工作更为敏感，对工具和方法的应用更专业，能够将事情高效率地完成，要求具备较高的执行力，是这一群体的特质和要求。不同的视角决定了高中基层对事情的理解上容易产生不同的想法，高层致力于让企业做正确的事情，中层致力于将事情做正确，而基层则致力于正确地做事。高层关注战略，为企业未来的资源配置承担责任；中层关注战术，为现实的经营业绩和市场需求提供支持；基层关注执行，负责提高效率。这是组织进化到当代商业社会分工的必然，这本身是合理的，但是高中基层由于不同的位置，往往造成不同的语言体系和思维方式，高层的思路不被中基层接受，中基层的辛劳不被高层所认同。不同的立场带来不同的工作和生活理念，继而造成对于经营和文化认知上的差异。还有就是研发人员的专业思考、营销人员的客户思维以及制造人员的计划思维，在某种程度上约束了这些专业人员对待问题的态度，对于同样的观点产生不同的理解是经常出现的，也是造成跨部门沟通和协调难题的关键所在。另外，年龄结构的差异也是一种必须正视的问题，年龄是什么？不仅仅是岁月的堆积，更多的是阅历的沉淀和经历的磨炼，年龄越大越沉稳，但也会更加保守和顾虑更多，年轻人闯劲比较大，但是不畏惧权威。年龄的代沟会越来越宽，如何在代沟之间牵线搭桥，代际之间和层级之间形成文化共识和管理共振着实没那么容易。

最后，业务变化与结构调整带来的冲击以及组织结构调整带来的影响。企业发展的一般逻辑都是要经历从小到大、从弱到强的过程。在这种过程中，企业成长的路径一般有两个：一个是通过组织的内生式扩张，在核心能力的基础上不断扩大企业的经营范围，从单一化向相关多元化，再走向不相关多元化的发展历程；另一个是通过企业并购手段，收购相关企业来迅速扩大企业的经营版图。无论是哪种成长方式，都要引进新的业务单元和人才队伍，新的业务单元需要新的处理事务的方式，业务模式的差异造成管理模式的不同，继而形成文化差异。因此，在进行文化建设的过程中，形成能够具有统一核心思想，有能兼容并包的文化是具有极大难度的，需要对新加入的文化或者原有文化内涵做出改变或者调整，这必将是一个痛苦而艰难的过程。另外，组织结构变革会带来一段时间内组织秩序的紊乱，而越是在动荡和变化中，越是体现文化和建设文化的关键时候、关键时刻才能体现价值观和使命的力量。

企业文化建设宜早不宜迟

什么时候开始企业文化建设？很多老板会说，等到企业具有一定规模了再说，这样想就会比较麻烦。当人员团队超过100人，再去建设企业文化，就会感觉力不从心，人员都认不清，连名字都不知道，又如何在文化上产生共鸣呢？所以说，文化建设一定要趁早。

企业文化建设不追求完美

企业文化建设不要急于求成，更不能追求完美。源于几个客观的原因，企业家普遍缺乏安全感，企业业务发展得快与慢都会刺激老板的神经，企业尤其是大量的本土中小企业不可能靠引进"外援"来支撑企业，大量使用"本土球员"是必然的选择，需要因材施教，有教无类。企业规范化管理制度建设滞后的现实情况，在很大程度上制约了企业战略的落地和人才能力的发挥，在事情和人的问题上没有梳理清楚，企业文化建设往往是徒劳的，正视这样的现实，才能冷静地面对组织的一些表层现象问题。鉴于这些客观原因，企业文化建设更要灵活，不要急于在价值观层面达成统一，要先从目标统一着手，逐渐过渡到价值观统一，当然，对于企业价值观存在直接冲突的员工，是需要在招聘环节设立防火墙的。

企业文化建设要主题鲜明

我作为顾问去一家公司做诊断，初期的粗略诊断，我只看三点：**第一点，这家企业是如何成长起来的；第二点，这家企业决策机制是什么样的；第三点，这家企业核心岗位上的人是否具有真功夫。**成长历程决定了这家企业赚钱的道义，如果这家企业崇尚集体智慧而非"一言堂"，那么这家企业会有源源不断的新鲜血液注入，文化会是充满阳光活力的，如果老板身边的核心岗位都是高手而不是无能推脱之辈，那么这家企业的文化一定是积极的。

企业文化建设一定要主题明确并且简洁明了，不要让人有太多遐想的空间。我认为，不管怎么样，"发展"应该是主题之一，按价值分享发展成功应该是文化建设的重要考量要素之一。华为企业文化中有句话是"不让雷锋吃亏"，说得很有道理，提倡付出与回报对等，是一个非常清晰明确的主题。

二、互联网时代更加崇尚务实的企业文化

企业是营利性的，但是企业文化不能是功利性的，企业文化能够改变人员的意识形态和心智模式，对经营和战略起到支撑作用。企业文化要支撑战略的实现，又不能变成经营的附属，因为功利的文化往往会造成博弈，缺乏精神引领和使命感的组织，是不可能长久的。那么，在互联网时代，应该把企业文化建设成什么样呢？我想，科技越发展，时代

变化越快速，企业文化越要务实。想法越多，越需要落实，务实的企业文化更加值得推崇。

强调搞定落实，秉承"适度承诺，完全履行"

互联网时代，是企业家思路被深度激活的时代，是新概念爆发的时代。然而，理想很丰满而现实很骨感，企业家谈起商业模式和战略时，意气风发，但是说起执行效果，总是存在很多怨言，羞于启齿。这种落差是什么原因导致的呢？原因可以列出若干条，归根结底是组织能力与战略模式之间巨大的鸿沟，"身体"跟不上"灵魂"是造成迷失和迷茫的根源。

一家高效的企业一定是波澜不惊、井然有序的企业，锣鼓喧天、热火朝天的大多是形式大于实质，想法多于有效行动的企业。对于一家企业来说，战略性决策更多是高层的责任和职责，方向和思路是执行力的前提，一旦方向确定、思路明确，接下来需要的就是坚定不移地执行。在互联网时代，很多全新商业模式极其类似，然而成功者却寥寥可数，成功与不成功之间到底差距在哪呢？借用一位创业家的话来讲就是他们有着不一样的团队执行力，是他们那种使命必达、面对任务坚决搞定、强力落实的工作作风。成败关键就在于在大方向和大格局下，通过点滴的积累和持之以恒的付出，继而在"马拉松"的长跑竞争中逐渐形成差异化和核心竞争力，企业之间的悬殊绝不在一念之间，而是持续有效付出的成果。

"**适度承诺，完全履行**"是我在工作和生活中的一贯作风，通过有效落实来保证对生活和工作的掌控力，让工作和生活变得简单和高效，这也会让自己变得更加从容和自信，通过点滴的成长去展望未来的成功。我会在任务和目标确定之后，形成一个切实可行的计划，而计划的内容一定要基于目前人员能力和资源条件，确保计划履行的成效。不允许轻易承诺不切实际的计划，那种拍着脑袋决策和拍着胸脯保证，而提供的计划简单粗糙的做法，在我的工作领域内是很难得到通过和认可的。

企业的战略和商业模式往往是跨度较大，甚至是跳跃式的，但是企业文化不能随之浮躁、急躁，过于追求完美的企业文化是难以保障执行力的。要想执行有力，需要严谨、务实的企业文化作为支撑，树立"适度承诺，完全履行"的工作作风，理性且冷静地对待工作过程中的可能遇到的困难，不畏惧困难，也不要低估困难，正确面对困难，就要脚踏实地，一步一个脚印地前行才是走向成功的关键。

强调信任共享，秉承"合理授权，充分信任"

在互联网时代，环境的剧变，没有人可以预测未来，因此，激发人才的创新活力来创造未来成为企业的最明智选择，目前，人才是否能够真正发挥作用，是企业组织文化建设的一大重要课题。

然而在很多公司内部，尤其是创业型公司内部，企业组织体系更加动态，组织边界更加模糊，人才的流动性强，公司要快速发展，需要不断吸纳不同文化背景，不同专业领域，不同性格的人才，人才高效组合成为团队，团队形式会是目前以及未来相当长一段时间的价值创造形式，如何能够实现团队高效耦合才是关键。斯隆在《我在通用汽车的岁月》中说"通用汽车采用的是由才华横溢的个人构成的团队管理模式"，才华横溢者必有个性，有个性就很容易产生冲突，消除冲突最好的方式就是信任。然而在很多公司，信任只限于少数几个人之间或者某个小团队内部，对于很多创业型公司来说更是如此，组织创业团队和新进入人才之间的信任问题成为组织伦理的新课题，信任的高低直接决定了交易成本的高低，信任度越高，内部交易成本越低，协同效率越高，组织能力就会越强，反之，得到的就是截然相反的结论。

信任更多仅限于熟人或被验证过的人之间，在公司很多制度不完善，以及制度有效性有待检验的情况下，企业规模持续扩大，新面孔不断增加，组织内部很容易产生信任危机，信任成了组织核心竞争力的一种重要影响因素。

信任是成员之间或成员与组织之间的一种重要的情感认同而产生的默契，是人内心深层次的东西，却会通过行为方式表现出来，尤其是在涉及名利等关键事情上表现得最为明显。曾经，我的一个客户（企业信息部负责人）在酒后向我坦言，一段时间彻夜难眠，究其原因是一个项目中某个环节欠考虑，担心领导对其产生的信任会受到影响。这种责任意识让我敬佩，同时也感受到信任的力量。信任是如此重要，又如此隐藏，需要企业家和领导团队建立起一种全新的文化认知，培养和强化基于信任的企业文化。

在多年的管理实战经历中，我认为对于信任文化的建设，不是一蹴而就的，也不是依赖文化标语和口口相传，而是取决于领导者在关键事情上的取舍，我一直倡导开放透明，将涉及相关方利益的关键信息，采用高度分享的姿态，消除内心深处的心理壁垒，同时，建立起公开公平的评价体系，以**"合理授权，充分信任"**的方式，给予任何一位被赋予特定权力的人以充分的信任，以共识的方式，进行公开验证，持续打造出阳光的文化，潜移默化地推进信任扎根。

强调协同协作，秉承"客户导向，团队共创"

在互联网时代，协同协作变得越来越重要，随着信息系统打通内部各个职能部门和业务板块，跨部门的沟通变得超乎寻常的频繁。

在工业经济时代，职业化更多体现在各司其职的专业性，强调下道工序就是上道工序的客户，上下道工序之间交接有着明确标准的产出物，在这种产出清晰、边界明确的情况下，最终的产出成果是每一个环节的叠加，每一环保质保量，最终的产出一定也是保质保量的，因此，做好分内工作被认为是一种非常职业化的工作作风。但是在互联网时代，过去被称为职业化的工作作风，可能会带来很多麻烦，例如，关注计划性，而机动性不足；关注机械性，而有机性不足；关注标准化，而定制化不足等。员工在过去那种专业化分工和崇尚纵向管控的管理体系下，专业之间或部门之间会形成一个个无形的"金钟罩"，员工也会下意识地撇清一些模糊地带的工作，在企业内部存在大量的"三不管"地带，导致企业在面对客户和竞争要求快速反应和定制化需求的项目时，就会显得力不从心、功能衔接不上。很多企业单纯从组织架构和功能设置上似乎很完善，但是面对越来越定制化和非标化产品的响应上，显得非常混乱不堪，更多是依靠某个强势部门的跨部门协调，这是组织不健康的一种表现，协同协作一方面是组织模式需要解决的问题，另一方面是企业文化需要处理的问题。

当企业开始面向客户思考问题时，组织架构和企业文化都需要发生根本性逆转，过去那种崇尚计划、追求稳定的工作作风会被灵活机动要求所取代，这也是这个时代管理者所面临一个巨大挑战，很多事情是没有办法提前计划和规划的，需要的是团队作战、随机应变和紧密协作。企业文化需要围绕客户价值创造的各个环节建立起**"客户导向，价值共创"**的文化理念，各专业部门能够各伸出一只手，积极主动地解决问题，共同创造客户价值，共享成果。企业要重塑"价值创造—价值评价—价值分配"循环，以最终成果倒推，以最终产出作为衡量和评价员工贡献大小的基础，在此基础上再分析员工个人的专业表现和能力表现，如果不懂得合作，没有意识到协同协作重要性的员工，专业能力的价值是受到极大限制的。

强调持续创新，秉承"不拘一格，勇于试错"

互联网时代，信息技术正在加速、优化和创新企业经营体系，在这过程中，基础工作正在延续着专业化、标准化、模板化和信息化的发展路径，计算机和机器人正在取代人工从事常规性行政事务和大量体力劳动，智力劳动以及创意性工作在短期内难以被计算机替代，换句话说，创意性工作依然有着强大的生命力和职场活力，在我看来，创新文化应当是互联网时代企业的主流文化。

从企业文化的发展历程来看，大体分为四个阶段，分别是效率型文化、精益型文化、协同型文化和创新性文化。效率型文化崇尚效率，信仰数字，强调通过数字分析，实现合理规划，并寻求最优的系统效率。效率型文化强调分析对象的机械化特征，即研究对象的非人化，尤其适用于以生产为主导的经营模式，因此，在第二次世界大战之后，物资匮乏的外部环境下，提升生产运营效率是第一位的，这种强调效率的文化便成为当时的主流文化；精益型文化，不但追求效率，更注重效益；协同型文化更加强调协作与协同，要求组织相关职能模块围绕一个共同的组织目标行动，产销协同、研销协同、研产销协同、主副价值链协同，厂商协同等协同方式；创新型文化鼓励创新，对试错和为创新所做出的浪费是包容的，创新型文化更加注重解放人性，更具有人性关怀，企业为创新搭建体系和构建系统，人才上升到战略的高度，资源围绕人才的创新来匹配。

互联网时代，对企业来说，如果不创新，被淘汰只是时间问题，但是创新是一个不断试错的过程，这需要企业有较强的容错能力和合理的容错机制。很多企业家大谈创新的重要性，但是不能容忍创新失败的成本，不给创新留足时间和空间，创新型文化的建设也只是一种想法，创新的代表企业，应该算是 3M 公司，3M 每年有 500 个新产品被开发，每年 35% 的销售额源自于最近 4 年的新产品，10% 的销售额来自于过去一年研发出来的新产品，领导者要懂得授权，确定基本规则，让团队"不拘一格，勇于试错"，这要领导者对自己非专业领域少提供先入为主的观点，也要少插手，把手放口袋，放手让团队去做事。